D1735813

# ANDREAS OKOPENKO

# ÖSTERREICHS EIGENSINN

## Eine Bibliothek

Herausgeber
Bernhard Fetz

Bibliografische Information der Deutschen Nationalbibliothek

Die Deutsche Nationalbibliothek verzeichnet diese Publikation in der
Deutschen Nationalbibliografie; detaillierte bibliografische Daten sind
im Internet über http://dnb.dnb.de abrufbar.

# ANDREAS OKOPENKO

# Ich hab so Angst,
# daß die Chinesen kommen

Ausgewählte Gedichte

Herausgegeben und
mit einem Nachwort von
Daniel Wisser

# Grüner November

(1957)

## Herbst

Der Himmel ist nicht mehr ein spielendes Tuch im Wind
Oder ein ausgelegtes über Grün und unter der Sonne.
Er ist ein eisiges Gas, dünn alles erfüllend und weit entrückt
In seinen Anfängen fern wie der entschwundene Frühling.

Es kann aber auch ein Jahr geben, da der Himmel noch
    freundlich um diese Zeit;
Ich will nicht sagen jung – – aber so mild – – –

Und wenn es vielleicht, ehe die Luft hart zu klingen beginnt,
Das eine oder das andere Mal noch duftet –
So ist es das herbe Holz, der Rauch, der da weht, und das Laub,
Das da fällt und fällt zu raschelndem Bad von feuchten
    Schuhen am Gehsteig;
Erst noch müht sich der Parkwächter, und der sah schließlich
    auch vieles Frohere,
Der Regen, der ihm die weitere Arbeit abnimmt, indessen
    dumpft nur,
Und das ist das letzte, und was nach ihm kommt, ist klirrend
    und klar. Nur tief,
Tief irgendwo in der Erde ballt es sich zu einem neuen
Duftenden Sommer.

## Die blaue Dissertation

> »Das Hauptgewicht unserer geistigen
> Tätigkeit liegt nun auf dem Intellektuellen,
> auf der kühlen Klärung der Situation.
> Solche Diagnosen sind für uns wichtigere
> Aussagen als die meiste Dichtung.«
>
> (H.B.)

Es ist freilich sehr viel damit getan,
Wenn wir die Röntgenbrille aufsetzen
Und verkünden: Die Zeit ist chaotisch,
Die Jugend entwurzelt, der Sinn des Lebens
Ist mit keinem der bekannten Kunstgriffe des Lehrfaches Logik
Einzufangen,
Ergo:
Nihil.

Es ist gewiß herzlich wenig
Ein Blatt, hellgrün und leise sich regend gegen einen licht-
    blauen Himmel,
Der einst warm wird,
Und das wird dann lange so bleiben.
Es ist gewiß recht wenig
An einem Flecken kerbiger Rinde, die erst langsam wieder ihre
    Feuchtigkeit abgibt. Wenn man die Hand darauf legt, ist es
    ein kleines Bad in einem jungen Bach, wie er das Dorf an
    unzähligen Stellen jetzt belebt – und die Menschen werden
    aufgehellt
Unruhig.

Es ist zweifels- (sogar:) -ohne

Wenig

An einem Mädchen, das über den Kies läuft und wünschte es
    wäre ein feuchterer, wie er den Fuß drückt, ehe du dich
    auf die Wasserfläche,
        die gespannte eines Sees oder die rollende eines Stromes
        ausbreitest – einmal keine Seitenzahlen der lateinischen
        Grammatik! –
Aber der Kies könnte auch pyramidenförmig sein, freilich in
    einer orangeroten horizontweiten Sandschachtel und vor
    allem nur am Abend,
        Und nicht lange: gerade solange die Sonne zum Abstieg
        braucht, nachher wollen wir das Blaue nicht versäumen.
Überhaupt wird es das beste sein, wir entscheiden uns für das
    Blau. Das kann endlos sein, und endlos will es das Mädchen
    ja haben, das über den Kies läuft, wohin es endlos ist.

Sie merken mit Verwunderung, meine Herren, daß ich diesmal
    keinen Gegensatz aufgestellt habe zwischem dem Tüchlein,
    das man mit irgendwie lebenden Fingern legt, und der
    beleuchteten Skala Hollywood.

Aber ich sage zweifellos dasselbe.

Es ist sicherlich viel damit getan,
Wenn wir die Röntgenbrille aufsetzen
Und verkünden: Die Zeit ist chaotisch.
Und weitere Punkte und Aufsätze.
Nur:
Das Mädchen möchte einen Brief schreiben,
Sie schreibt ihn auf hellem Papier.
Sie braucht eine harte Unterlage dazu, um die es nicht schade ist.
Sie nimmt das Lehrbuch der Logik.

## Am Anfang

Ein zertauender Kindermärz ist ein weites Land
Ein Rieselbach an nassem Gras, an blankem Stein, an
    feuchter brauner Erde
Und sind beglückend viel Schritte bis zum nächsten Sand,
Wo es wieder ganz anders ist, ganz anders.
Hier habe ich mein Rechts weit weit und Links weit weit
    und gar keine Angst vor der Ameise und vor der
    ersten Fliege
Und über mir immer das Blaue, Angenehme Warme, das
    so viel Weiß hat und hellstes Gelb, wenn es herunter-
    scheint.
Nur, wenn ich ins Haus gerufen werde, ist es so finster blau,
    ich weiß nicht, die Fenster stehen doch offen!
Ich will mich, wenn es draußen so schön ist, doch nicht
    an der Suppe wärmen!
Das Tischtuch ist wieder anders blau kariert.
Es riecht alles so frisch gewaschen.

Am Nachmittag ist es dann lang nicht mehr so schön gewesen!

## Nicht etwa

Nicht etwa, daß ich dich pflücken möchte.
Um deinen Stamm möchte ich mich ranken
Lebend um deinen lebenden Stamm...

Mädchen im Graugrün der Schulbäume
Du stehst an das Gitter gelehnt
Du siehst nicht die Straßenbahnen in den jungen Morgen

(Du siehst das zerbrochene Braun des Katheders
Spürst den abstrakten Blütenstaub der Kreide
Riechst den eingelassenen Boden
Aufsatz über die Steinkohlenzeit und viel Naphtha)

Während sie in der Musikstunde Hugo Wolf zerzetteln
    werden
Wirst du denken: Wenn ich nach Haus komme
Setze ich mich gleich wieder in den Garten.
Bei uns ist es jetzt so schön.

Mädchen, ich sage dir etwas Verlockendes:
An deinem schulfreien Nachmittag
Will ich mich zu dir in den Garten setzen.

Dein Kleidchen in den üblichen Farben ist so harmlos
Und in dem charakteristischen Muster für junge Mädchen
    (beinah als stände die Pädagogik dahinter!)

Aber darunter schlägt ein nicht zu besänftigendes Heißes
    mir entgegen »Dein Mädchen, Dein Mädchen«
Oh ich weiß, du willst es sein. Du hast lange, lange darauf
    gewartet.
Jetzt wirst du mich und jetzt werde ich dich ganz haben.


Ich will dich wie einen Apfel in meinen Händen halten
Dich wie Weintrauben drücken an mich
Ich werde hellrote Kirschen von deinen jungen Lippen essen


> Nicht etwa, daß dies dauerlos
> Nicht etwa, daß dies falterhaft
> Ist.

## Konsumfiliale

Die dicke Fräulein Gerti mit dem ewigen Augenkatarrh
War heute starr,
Als ihr ein Heizer, während er sich Magermilch einfüllen ließ,
    seine Liebe erklärte.
Da hat sie einen Moment die Augen aufgerissen,
Dann hat sie mit festerer Hand den Trichter gepackt
Und die Schaumkrone absitzen lassen,
Und wie sie ihm die Milchflasche überreicht hat, hat sie noch
    gelacht, gesagt »Mahlzeit!« und mehr zu sich selber:
»Der macht dir Witze!« oder so ähnlich.
Sie hat sich im Laufe des ganzen Tages danach kein
    einziges Mal verrechnet,
Wie die Kontrolle des stets leicht lustigen
Inspektors Rodlicky von der Konsumzentrale Wien
Ergab.

## Früher Nachmittag im April

Am Frühlingssamstag sind alle da:
Besucher, Wölkchen, Forsythia.

Die Frauen gehen zum Teil noch im Pelz –
Die jungen Leute sind oft schon zu sehen
In kurzen Röcken, mit bloßem Haar.
Das sind die schönen Tage im Jahr.

Im Park fährt stunden- und stundenlang
Ein Mädchen auf einem Roller im Kreis.
Aber für sie ist um diese Zeit
Der Kreis noch unerschöpflich und weit.

Die Bäumin, die Birke zeigt sich
Auch in diesen sonnigen Tagen
Nicht weniger weiß; sie erhellt das Blau.
Unter dem Fenster eine Frau
Langweilt ihren Kinderwagen.

Das ist so ein Frühlingsnachmittag –
Die Mädchen, so von dreizehn an,
Die gehen erst später, wenn es dunkler wird, aus …
Jetzt ist noch niemand, nichts anderes da
Als Wölkchen, Völkchen, Forsythia …

# April-Suite

*Ein verregneter Tag*

Aus einem langen Blech von Graphit
Das die Straße an diesem Tage ist
Fällt Regen auf, fällt der April
Niedergeschlagen an einer
frühzeitig abgefallenen rosa Blüte.

Ein anderer Baum ist noch kahl.
Unbelaubt wartet eine ganze Allee
Kaum mehr blecherner ragt der Laternenmast
Nur um eine Anwesenheit zu fixieren.

Die Forsythien glaubt keiner mehr
Und anderes ist noch nicht da:
Dir muß ein Dreizehnjähriger in Erinnerung kommen
(Das sind diese ungünstigen Jahre ..)
Seine Gartennachbarin ist fortgereist
Und ein Atlant fängt sein ungebändigtes
Schluchzen auf.

Du kehrst da lieber um
Zu Gegenwart und Straßenbahn
Zu deinen vier Sechziggroschenmarken
in der Schreibtischlade
Mit denen du nüchtern gesteuerte Schreiben
An bekannte Adressen
Richten könntest, wenn ...
Ohne zu fragen.
Oder du ziehst es vor, die Tafel aufzuschlagen

Von Neon bis Actinium.
Die Recher, die im Gras schon jetzt
Aus einem unerfindlichen Grund
Lautlos etwas zusammenscharren
Mit verbogenem Zahnblech auf langen strohgelben Griffen
Und immer naß und fast schon abgeschliffen,
Haben hinter dem immergrünen Gehecke
Ihren Karren aufgestellt.
Daraus soll nun der Frühling werden –!

Der Mai
Ist ein Monat von lockeren Gebärden,
Aufgeschlossenen und den abschließenden:
Man nimmt das Blühen mit zwei Fingern auf
Und legt es wien ein Tagblatt für Sekunden
Auf offene Wunden,
Streift es ab und hat es am Ende
Fälschlich ausgelegt.
Und die Wunden wollen nicht heilen
In den Juni hinein.

Der Juni
Fließt wie eine dünne blaue Tinte
Über den Körper
Die nachher braun wird
Wie ein blauer Himmel die Haselnüsse reift.
Wenn wir schon davon reden.

Daß der Mai keineswegs ist
Das Tanzplakat der siebzehnjährig gewordenen
    Fräulein Natur,
Wird sie dir in der Nacht sagen.

Wenn die Sonne aus der Druckergelbe
    und der Druckerröte
Ihre Strahlen zurückgenommen hat
Und ein Hund wimmert an die Bretterwand
»Braut, Braut« oder »Zahnschmerzen!«
Bis er ängstlich entflieht
Vor der Steuer.


Dann wird dir die Mai sagen, daß sie mehr ist:
– Du – darfst – mich – in – der – Nacht – lesen –
Und wenn du schläfst
Nach einer mühsam beendeten »Stickstoff-«
Oder »C, H-«,
Wird sie nicht auf dich verzichten:
Sie streicht dir mit leichten lichten
Fingern über die Lider
Immer – – wieder – – –
Wie zwei linde Lilia.


– – –


Ich habe an einen Telegraphenmast meine Wünsche gebunden.

Das Gras hat einen feuchten angenehmen Schlaf
Irgendwo aber wird ein Ring im Rhythmus des Regens
            gegen einen Riegel schlagen
Und niemand wird öffnen
Wenn der nasse Rost vom Eisen rinnt

Nur Zink
Das linkisch klappernde Zink
Der Traufen
Wird Tropfen
Auf Tropfen
Antworten

## Ist ein Regentag

Ist ein Regentag
mit grünen Blättern drin
Ist ein Frühlingstag,
aber ein verregneter.

Inge Nachbarskind
Sagt dem Wolfgang ab
Denn es regnet heut
Und der Sand ist naß.

Vor dem Gartentor
Hängt ein kaltes Schloß
Und der Regenbach
Wäscht den braunen Rost.

Die im Holzschuh gehn
Werden feucht und kalt
Und kein Ofen brennt
Zu der Jahreszeit.

Diese Tage sind
Derart lang und still
Wie zwei Gräser in
Wasser eingestellt.

Freilich was da blüht
Geht so seinen Weg,
Freilich: wie uns ist,
     sagt so nichts.

## In zehn Monaten

In zehn Monaten ist wieder Frühlingsbeginn
Da tritt aus dem Tor eine Chemikerin
Sie denkt an die Schwalben, an Salben und
    Löslichkeit von Eosin.
Ich sage es jetzt schon und nicht erst dann:
Diese Chemikerin geht mich nichts an.

Ich habe den Mai auf meinem Arbeitsplatz
Wie einen Scherben Ton, mit dem der Kleine spielt im Hof.
Er ist so brennend, so viel, der Mai,
Daß man ihn nur verdünnt erträgt,
Wenn man allein ist.

Aber das Grün schließt allmählich seinen Schnabel.

Ich sehe dich also
Wieder einmal dastehen
Wie die Zwölfjährige, die offenen Munds
An ihrem Zopf dreht.
Du möchtest nunmehr
Die gerüttelte Blechtür eines alten Wasserwerkes sein,
Im Regenwind, der aus den raschen,
    den dunkelgrauen Wolkenfetzen geht.
Oder auch einem brüllenden Schaf nachlaufen,
    einem geängstigten, wenn die dunklen
Volt
Vom Himmel krachen.

Die Bände soziologischer Zeitschriften häufen sich
    auf deinem Tisch,
Aber sie schmecken wie gedörrtes Bier
Und sprechen nicht zu dir.

Oder einmal ausspannen? Deinem Vergnügen nachgehen?
Ja, ins Kino, wohin Irene mit ihrer Mutter gegangen ist
(den Erich haben sie dieses Mal bereits mitgenommen – – –)
Es ist am besten, du beschaffst dir einen Platz
Und kümmerst dich nicht darum, was gespielt wird
Außerhalb der Leinwand.

Ich führe inzwischen eine Diskussion
Über Themen, die imponderabel sind und indiskutabel – – –
Um diese Jahreszeit, du hast schon recht,
Schließt das Grün ganz merklich seinen Schnabel.

## Avantgarde

Carl Friedemann entfesselt eine literarische Revolution
von ganz ungeahntem Ausmaß.
Er schreibt:
Die Nymphen werden vom grünen Schilf geküßt.
– Bisher hingegen war es üblich, die Nymphen
vom silbernen Mondschein küssen zu lassen.
Also entfesselt Carl Friedemann eine literarische Revolution
von ganz ungeahntem Ausmaß.

Carl Friedemann gibt Abende in geschlossenem Kreis.
Der geschlossene Kreis ist meist ein Mädchen,
ein ovales.
Der geschlossene Kreis läßt sich
Gedichte vorlesen, dichtet selbst und verbringt die Abende
im übrigen literarisch.

Es besteht kein Zweifel,
Daß Carl Friedemann eine Revolution entfesselt hat,
eine ungeahnte.
Die Bürger freilich
werden das noch längere Zeit nicht wahrhaben wollen.
Aber so ist es schließlich allem Neuen gegangen,
das heute die Erde beherrscht
bis an die
niedlichen Sterne.

# Grüner November

Die Kastanien rosten nicht mehr
Die Kastanien sind kahl geworden.
Alle anderen Bäume aber dieses Jahres sind noch grün.

Über Wiesen, die mit jedem Tage grüner werden,
hebt sich am Morgen der Nebel.
Irgendwo auf dem Lande laufen
    unausgeschlafene Kinder mit Milchkannen.

Die Wirtinnen gehen eingehängt
In ihren Stuben sieden zu Mittag die Töpfe
Das Land hat noch nicht den großen Ofen gerufen.

    Die Beamtinnen und Beamten von Wien
    stehen, besonders wenn es Abend wird,
    unruhig auf ihrem Fleck herum,
    manchmal macht einer einen weiten Sprung,
    wie wenn der Frühling ins Land zieht.

    Viel Jugend ist auf der Gasse zu sehen,
    Viele Leute umsummen die Kinokassen.
    Im Dunkel aber läuft wieder die blutige Wochenschau.

                    – – –

Später dann ducken Bäume im Dunkel
und niedrigere Sträucher
Alles in Grün
Mädchen durch den Park
Und Laternen mit der kleinen wispernden Gaswespe
Alles in Grün


Nur in genauen zehn Minuten
fährt eine gelbe Straßenbahn vorbei
fremd wie ein Schiff

Danach ist es wieder grün.

— — —

Ein Donauhafen, an dem serbokroatisch geflucht wird
Ein Packzettel zusammenhangloser Buchstaben von
    einer schwarzen Schablone gemalt
Ein von einem einsamen Hund durchbissener Cricketball

Auf dem Weg zu Lokalen, in denen sich das Haar
    in rotgefärbten Tänzen schüttelt;
Zu schwarzen Gittern, die einen fruchtlosen Schlaf
    bewachen,
Zu nachtgelben Beratern in absonderlichen Häusern
Zur Schlafstelle – Unruhstelle Stadt.

Auf dem Weg dahin ist es nicht mehr grün.
Auf dem Weg dahin ist Nacht.

## Im August

In den Viadukten der Stadt
liegt der Geruch der Märkte.
Er sitzt zu Mittag auf dem Asphalt
und frischt einmal angenehm auf,
wenn gegen sechzehn Uhr Wind kommt.

Er bleibt den nächsten Tag
und den übernächsten so stark.

Er weiß um den Herbst,
der nach ihm kommt.
Der mit Azetylen und Teer
in die Viadukte zieht
und mit dünnem Rauch aufsteigt
in die einsamen Himmel
der Menschen.

**2**

Die nicht enden will Landschaft
Wolken aus Blaugrau und Ziegelrot
vor dem grünen Himmel,
in den grün-violett die Straßenbahnen blitzen.

Abend trägt ferne Musik herüber
Abend raschelt in den Bäumen,

Nur Wind entlang der Leitung
surrt metallisch fremd
eine Weile in den grünen Himmel.

## Septembersonne

Septembersonne über einer Stadt:
tief, mild und abendlich den ganzen Tag
– wo anders brütet sie Kartoffelfelder –.

Die langen Jahre gehen so vorbei
an gelb gemalten Stadt- und Vorstadthäusern.

Das Mädchen ist am Nachmittag daheim.
Durch ihre Fenster weht ein Mohngeruch.
(Der kommt vom Land, wahrscheinlich mit den Schienen …)

Spätnachmittags verweilt sie vor der Tür;
sie mag die Wärme auch in diesen Jahren.
Septembersonne über einer Stadt.

## Medea

Die Visumfrage ist noch ungeklärt.
Im übrigen bin ich bereit, auf lange Sicht zu verreisen.

Meine Koffer sind gepackt, mit dem nötigsten Inhalt.
(Wenig ist mir geblieben: Ich fahre sehr leicht.)

Eine interessante exotische Dame, die heimkehrt.
Nicht zu alt, und nachdem sie viel gesehn.


Abend für Abend bin ich jetzt auf der Wiese zu finden
oder durchstreife die Straßen und präge mir alles ein.

Hier steht ein Baum. Dort läuft ein Tier. Der Wind weht.
Die Erde ist kühl. Der Sand ist trocken. Der Himmel ist weit.

Mein Dorf ist weit entfernt. Meine Liebe ist beendet.
Die Reise zurück wird nun ermüdend sein.

Manchmal, mit einem Tuch, rühr ich an fremde Menschen.
Manchmal stört mich das Meer abends (»...Medea Mädchen...«)

Oder die Frage: Was hast du nicht versucht?
Medea, Mädchen.

Ich habe alles versucht; bald wurde es kalt.
Sie saßen mit meinem Freund im Garten und spielten.
Mit weißen Gesichtern, sehr regelmäßig gemalt,
relativ dumm, doch ihre Beziehungen hielten.

Ich habe alles versucht; ich wollte einheimisch werden.
Ich habe die belanglosen Reden der Damen studiert.
Es gelang mir nicht, davon belanglos zu werden.
Alle Mittel fielen mir in den Schoß.
Es gelang mir nicht, davon belanglos zu werden:
Ich blieb ergebnislos.

Ich habe alles versucht; ich wollte die Fremde sein,
ich gab ihm am Abend die seltsame Landschaft wieder,
aus der ich genommen worden war, und die seltsamen Lieder.
Und im Zimmer schwang die Frage »Weshalb?«
die leeren Nächte ein.


Vielleicht muß man biegsamer sein um glücklich zu sein
    in Europa.
Ich habe alles versucht; ich weiß nicht, woran es liegt.

Die Knaben sehnen sich dort wie unsere Knaben
und träumen schwer vor sich hin, wenn der Löwenzahn fliegt.

Die Mädchen haben große Augen und ernsthafte Züge,
mehr vielleicht als wir, denn sie ahnen die kommende Lüge.

Ihre Schönheit besteht in der Angst, daß die Schönheit
    verfliegt.

Das alles verflüchtigt sich später; ich weiß nicht,
    woran es liegt.


Vielleicht muß man biegsamer sein um glücklich zu sein
    in Europa.
Man müßte die Freude suchen und nicht lange fragen wohin.

Die Segel verstellen, treiben mit jedem beliebigen Wind.
Keiner hält sich lange, doch gibt es viele.

Von kindlichen Spielen und Hoffnungen bleiben später
    die Spiele
Und große Augen mit Atropin.


Ich, Verschleppte der Liebe, Naive, Intellektuelle,
knapp vor der Abfahrt, liebevoll betrachtend
eine Kamille auf dem Perron, sorglos lächelnd,
bin der Inbegriff eines sehr heißen Sommers.

# Seltsame Tage

(1963)

## Der 17. Juli

Es war jedoch ein Sommerabend.

Vom fernen Bahndamm nahes Gleisen.
Wo sind, die jetzt reisen, in Wahrheit –
(Nur diese wolkenlose Klarheit,
herrlich heute!, sagt »nah« – –)

An uns vorbei meckt eine Ziege.
Kaum von der Mauer, schon verhallt.
Und wieder Stille. Oder Wald.
Du überlegst.

     Du überlegtest. Und
Da scholl mit einem Male Rüge
Auf einen einsam heimgeführten Hund;
Nach etwas Fernem jaulte er und bellte.

Ich weiß nicht, die Luft lag so allein,
Und aus der Kühle wurde damals Kälte.

Es war jedoch an einem Sommerabend.

# Frühling

Die große Wüste
Liegt im Erdteil Asien

Edith, die das hört
Im Erdkundeunterricht,
Glaubt es nicht.

Sie hört im Radio
Mit wunderschöner Stimme gesungene
   Betruge und Resignationen

Sie wird von den Freunden ihres Freundes
Auf die Waage gelegt
In die andere Schale legen sie
Die parfumierte Freundin,
Obgleich sie Evelyne heißt.

Jetzt ist Edith wieder allein.
Gegenwärtig. Das heißt,
sie hat Zeit.

Zeit, über die gelben Blumen nachzudenken
Und die blauen Blumen
Und die roten Ausschläge an Mädchen
   um drei Uhr früh in der Vorstadt.

In der Inneren Stadt
Verdecken sie sie weiß
So daß sie wie hergewehte Blüten aussehen
Aber je nachdem wem.

Edith liest Zeitungen
Aufgeregte kolorierte
Sie liest vage Illusionen
Und die Schokolade, die sie dazu ißt,
Hat ihr die Mutter gekauft.

Edith denkt: Sonderbar,
Warum man bitteres Zeug nascht.
Das wäre doch nicht nötig.

Auf ihrem Waschtisch
Langweilt sich das
Sehr unbenützte Toilettezeug.

Dann schreibt sie in ihr Heft,
Daß die große Wüste
Im Erdteil Asien liegt.
(Nichtsdestoweniger schreibt sie dies,
Wie ihre steile Schrift beweist,
Ohne jegliche Überzeugung.)

## Alt-Wiener Erinnerungen

Eintausendsiebenhundertsechsundachtzig,
Dreißig Jahre also nach Einführung der Speiseschokolade,
Wurde – wie ich zum Frühstück
    in einer Zeitung, einer guten, las –
Ein Mensch gerädert.

Sie flochten ihn auf das Rad,
Wie man einen Striezel flicht
Oder Zöpfe.
Erst brachen ihm die Knochen
Nach der Reihe,
Ganz ohne einen anatomischen Fehler,
Dann das Gesicht
Und der Kopf zuletzt.

Die Leute durften zuschauen:
Sie nahmen 's Schatzerl
Oder Kind und Kegel
Mit zu diesem Volksfest
Und das goldene in Wien beheimatete Herz.

Schon draußen,
Wo der Gang zur Hinrichtung seinen Anfang nahm,
Drängte sich alt und jung,
Das Vorspiel zu sehen,
Das die Zeitung spaßig beschrieb wie folgt:

Der Delinquent bekommt in regelmäßigen Abständen
Während seines Weges den
Zwick.

Er brüllt auf, die Leutln wiehern, die Sonne lacht
  und schon der nächste
Zwick.
Dazwischen, um die Schmerzen zu betäuben,
Die sonst leicht die Hinrichtung ersparen könnten,
Was einem so unsparsamen Volk nicht gelegen ist,
Ein Heftpflaster, ein schmerzstillendes mit Opium,
  und dann der nächste
Zwick.

Ein Zwick ist der Biß einer Zange,
Einer auf Rot vorgewärmten,
In den unbekleideten Körper,
Was, wenn es oft genug geschieht,
Clown-artige Bewegungen des Betroffenen hervorruft,
Umso kostbarer in einer Zeit,
Die noch keine Theaterschulen kennt.

Ich weiß nicht, warum ich nach dieser Stelle,
Die ich zum Frühstück
  im Unterhaltungsteil einer Zeitung, einer guten, fand,
Die Lektüre nicht fortsetzte;
Steht doch die Zeitung nicht auf dem Index der verbotenen,
Sondern hat im Gegenteil vollkommen einwandfrei gegen
  jene Einspruch erhoben,
Die niederen Trieben das Wort reden;
Auch daß wir uns nicht versuchen lassen sollen,
Die jahrhundertealte Tradition aufzugeben,
  die uns Kultur bedeute,
Ist – freilich in einer anderen Spalte –
Drin gestanden.

## Grüne Melodie

> ... grüne Melodie blaues Mädchen
> weiß sind die Ferien.

Ich grüne in der Wiese des Jungdorfes
Mein Hof ist gelb von Mädchen Getreiden
Mein Mädchen ist gelb von Hof Getreiden
Ich grüne im Getreide des Jungdorfes

Die Sonne geht den Weg zur Marktstadt
Mein Mädchen geht den Weg zur Marktstadt
Mein grünes Getreidemädchen mein grünes Wiesenmädchen
Mein grünes Jungdorfmädchen geht den Weg zur Marktstadt

Die Marktplätze sind mit Kürbissen
Die Kürbisse sind weißer Staub der Marktplätze
Der weiße Staub der mittäglichen Marktplätze
Der weiße Staub der Weg zum Haus zum Mädchen
   zum Garten

Ich grüne den Nachmittag im Mädchengarten
Ich grüne nun schon im Mädchengarten
Ein kühles Zimmer ein blaukariertes Tuch
Ein Mittagskrug ein blaues Glas ein Wasser

Eine jüngere Schwester die eifrig das Grün der Kinder spielt
Eine jüngere Schwester die fortgeht und uns alleinläßt
Das Kinderspiel das Wasser plätschert blau
Mein Mädchen im abgesetzten kühlen Zimmer

Ich bin das kühle Zimmer ich bin im kühlen Zimmer
Ich bin wo das Mädchen ist schließlich ich bin bei
   dem Mädchen
Das Mädchen und das Wasser ich trinke das Wasser
Der Krug ist das Zimmer er faßt uns beide

Eine Ameise kriecht über die lateinische Grammatik
Ein Blatt ist zum Fenster hereingekommen
Ein Tropfen Wasser ist über meinen Mund gelaufen
Eine langsame kleine Uhr macht den Nachmittag aus
   Aluminium

Ich glänze silbern in der Sonne wie Aluminium
Ich habe meine Uhr im Blumentopf in Erde eingegraben
Mein Mädchen ist nicht der Käfer der über das Holz läuft
Mein Mädchen liegt im Sommerkleid auf dem Fensterbrett

Auf dem Fensterbrett auf dem leichten Sessel dem lichten Kasten
Dem Schatten dem Erinnern an die Sonne
      dem Nachmittag dem Garten
Ich begreife den Kleinen gut der Karten spielen geht
Ich begreife die Kleine die in grüne Blätter ihre Finger hält

Ich weiß daß Pythagoras wichtig ist und Aristides und Caesar
Ich rebelle auf gegen die eingebundene Schule
Das schwarze Brett die Verordnung den Schularzt
     daß die Kreide trocken ist
Daß das Tafeltuch feucht ist
     daß das Butterbrotpapier braun ist

Ich vergnüge die Ferien der Kinder der Kleinen der Käfer
Das Wasser den blauen Spiegel den Sonnenbrand die Eisenbahn
Den Hofhund den gelben die kleine Brut die Fellbälle
Die rote Masche der Katze die Maus mit dem Speck in der Falle

Ich bin die Ferien ich bin das Grün
Ich grüne auf der Wiese im Getreide
Ich blaue im Zimmer des Mädchens
Im Nachmittag ich blaue im Mädchen.

# Drei Begebenheiten vom Frühling

1.

Ein Mann vom Film entdeckt eine neue Landschaft.
In einem Hof mit kleinen bunten Fässern
aus rostigem Eisen und aus lackiertem Metall.
Er bleibt einen Vormittag eine Stunde stehen,
fährt dann in den Vorort, in dem er wohnt,
und bereitet die Kamera vor.

Einige Tage danach
bei genau so schönem Wetter
spricht er bei der Firma vor, der dieser Lagerplatz gehört.
Er fragt: »Sind Sie die Firma, der dieser Lagerplatz gehört?«
Und als sie ihm diese Frage bejahen,
fragt er nach dem Büro, dem Büro.
»Ja, das Büro, da müssen Sie rechts gehen,
dann stolpern Sie über den Gang,
und im Sonnenlicht wird eine Tür knarren
mit leisen Spinnweben und einer Sekretärin,
die sich mit Nagellack gerade langweilt.«
Danke danke. Aha, Sonnenlicht, Spinnweben, Sekretärin.

Er geht über den Gang,
es riecht nach Sonntag-Schicht und nach Benzin,
nach Bereitschaftsdienst und einem Schlurf, dem zuhause die
    Hosen gebügelt werden.
Weiter rechts knarrt eine Tür im Sonnenlicht.
»Guten Morgen. Sind Sie das Fräulein …«
    ein farbloses Ja
»Sind Sie bevollmächtigt, mit mir darüber zu verhandeln?

Es wäre dies:«
Setzen Sie sich doch nieder. (Fast mit den Worten:
  Ein Schälchen Tee kann ich Ihnen nicht anbieten.)


»Danke schön. Ich dreh nämlich einen Film.«
(Die Sekretärin übt noch einmal Greta Garbo
wie als Vierzehnjährige; es ist eher instinktiv.)
»Mir hat die Landschaft sehr gefallen,
ich möchte gern die Außenaufnahmen zu meinem neuen
  Avantgarde-Film
hier drinnen machen.«
(Die Sekretärin übt Silvana Mangano
für eine Sekunde, streicht dann aber die Rockfalten glatt.
Sie ist wie Mehl in einer weißen Mühle.)
»Sie könnten gleich da sitzen bleiben,
Sie passen wie ein Inventarstück da hinein
und geben eine ausgezeichnete Stimmung.«
Alles, selbst der Nagellack, riecht hier ähnlich wie Benzin,
und die Sekretärin ist reizend farblos.


Am Nachmittag, nachdem sich der Mann vom Film
ausgiebig betätigt und gut unterhalten hat


(o trockene Laubbäume in der Umgebung),


bündelt er zusammen seine Kamera,
fährt (er macht natürlich Aufsehn) in der Straßenbahn
und langt spät nachmittags in seinem Vorort an,
wo er wohnt.


     Und hat dann einen guten Abend
und schläft gut und sommerlich die ganze Nacht.

## 2.

Am Nachmittag geht Frau Ingenieur,
die nicht viel mehr Privates hat als:
    ihre Puderdose
oder einen unkontrollierten Blick
oder einen Park aus einem Jugendfrühling,
an der Seite ihres Manns
zur Straßenbahn.

Sie hat einen weißen Mantel an
wie ein liebliches Kaninchen
und schaut lieb in den Sonnenschein,
man könnt fast in sie verliebt sein.

Man könnte da fast zu sprechen beginnen:
»Erinnern Sie sich noch, Frau Edith, wie dieses Stück von
    Simone de Beauvoir ––«

Sie würde ihren Hasenmantel putzen
mit zwei, drei Fingern, mechanisch und elegant,
und würde in der Darstellung von Fraulichkeit leicht
    übertreiben
(um einen zu trösten: »Ich bin doch gar nicht so schön;
Sie sollen doch wieder ruhig schlafen …«)
Dann würde sie die Augen abwenden
von ihrem Mantel, jeden Blick vermeidend,
und langsam in die Straßenbahn steigen,
die vor uns stehen bleibt.

## 3.

»Ich schreibe in letzter Zeit schlechte Novellen…«
In den Zeitungen wird sie freilich mehr und mehr berühmt.
Sie lamentiert zu dem Jüngling,
an dessen Seite sie geht
wie die leibhaftige Zerstreuung.

Er sagt:
Wir gehn in Indien,
Geliebte mit Augenbrauen aus Antimonsulfid.
Wir gehn in Indien
Ich halt die Nähe deines Mundes nicht mehr
    lange aus.

Sie sagt:
Was willst du tun?

Er sagt:
Ich weiß nicht. Ich bin die letzten Tage faul.

Ein Auto fährt vorbei. Sie springen auseinander,
der Himmel ist blau wie geätztes Zink.
Im Auto sitzt der Mann, mit dem
    sie nächstes Frühjahr gehn wird.
(Sie ist geeigneter dazu,
und der Jüngling ist geeigneter,
    sie zu verlieren.)

## Maiabend in einer stillen Gegend

Ist's eine der uralten Melodien?
»Kleines Mädchen, wohin, wohin?«

Sonne sinkt. Die Häuserreihn
liegen um diese Zeit schon allein.

Der Abend wird kühl. Vom Kaufmann gehn
die letzten Frauen den Grasweg nach Haus
und schwingen im Gehen seltsam aus.
    Bald werden sie hinter den Vorhängen stehn,
    ihre Abendrolle zu sprechen beginnen,
    und was sie einst sagen wollten, bleibt innen.

Im Garten duftet es immer noch neu.
Das nimmt nicht ab, bis weit hinters Heu.
Der Mohn und das wilde Getreide am Tor,
das steht dir alles noch bevor.

Die Seen im Gebirge liegen wie Blei
an so einem kalten Abend im Mai.

Und am Morgen werden die Hähne krähn,
und die Frauen aus der vergangenen Nacht
werden ins Werk oder einkaufen gehn,
den stillen Weg aus dem stillen Haus ...

Gedächtnis, was schwingst du so seltsam aus –?

Ist es uralt, dieses Lied vom Entfliehn?
»Kleines Mädchen, wohin, wohin?«

## Zu Herbstbeginn

Vor der Türe brodelt der späte September
im Schwadenregister Herbst.
Vor der Türe brodelt Benzingas
Lebertran in den stumpfen Stich
eines erlöschenden Köpfchens Tabak.
Ein humoristischer Spaziergänger niest
    die Industrie ist eine Glosse seiner Nase.
In den Büros steigt dünner Rauch
    von den frischgeölten Dauerbrandöfen
und die Schreibmaschinen stecken in Asphalt.

Ein eingerissenes Farbband ist die Liebe des Chefs zu seinen
    Angestellten
Heute hatte das fünfzehnjährige Laufmädel morgens einen
    Gedanken:
es muß seltsame Vögel geben, die bauen im Herbst ihr Nest
    aus Karbid
aber dann schluckte sie den Gedanken mit einem
    Butterbissen hinunter
der Stenotypist hat eine Bügelfalte
er soll ersetzt werden

Blaue Akten graue krautrote, violette Stampiglien und rote
so rot muß die Sympathie der Taubnesseln sein und der Buchen
so abergrün das Herbstfeuer, der wölfische Urahn des Papiers.
Eine goldene Armbanduhr der Sekretärin ist eine
    aufgezogene Dame
Der Chef hat Ecken in seine Fingernägel manikürt
auf einem Fauteuil sein Gesäß raucht Leder.

Der Kunde vor der Tür ist ein armer Schlucker
aber er möchte eine Geliebte haben, die Muscheln ißt
und Zigaretten durch langen Bernstein schlürft
und eine tragische Hausnummer hat, an der Leben scheitern.

Der Postbursche besorgt ein Geheimnis:
er verehrt insgeheim eine Landkarte mit Singapore
mit blauen Linien und kaffeebraunen Grenzen
er weiß, wenn es dünn riecht, in Asien verbrennen sie
    irgendwas,
und klebt eine mohnblaue Briefmarke auf, den Paketsegen.

Eine silberglänzende Thermosflasche mit rotem Kunststoff
    verziert
Hohelied auf Flugzeuge jenseits in blauen Himmeln
Wenn das erste Flugzeug aus rotem Kunststoff aufsteigt,
    werde ich jubeln (aber das wird in einem Frühling sein)
Heute ißt aus dem roten Flugzeug die Angestellte
    warmen Grieß
mit eingesickertem Himbeersaft
und streift das nachgeblondete Grauhaar hinter einen
    staubmatten Kamm zurück.
Ihre zusammengelegten Metallbrillen verarbeiten die
    entschiedene Sonne des Herbstes zu einem Brennpunkt
Die Sonnenflöhe jucken den Maschintisch
in der Blechflasche harzt das Schreiböl ein

im Glaskasten kannst du dir deinen Frühling rememorieren
du kannst sagen A B C
du kannst sagen es taut
du kannst sagen erstes Mädchen
wenn es jetzt eintrübt, kannst du sagen:
    Über dem Veilchen stand das Herannahen eines Gewitters;
    Aprilwiese
dann macht die Angestellte das Fenster auf
und läßt den Frost von der Leine
und die klare Luft mit den Zeilen vom Schornstein
und du liest:

Jetzt scheiden sich die verschiedenen Tiefen:
Im Sommer duftet alles
jetzt duftet nur die parfumierte Seife
in einem gekachelten Hotel in verhangenen Zimmern
und die lauwarmen Frottiertücher
über einer nackten rosa Gestalt
unwirklich

aber das Tageslicht schmeckt klar
und das Gelb der Abendlampe bei dir schmeckt anheimelnd
und die Friedhöfe zu kommenden Allerseelen werden heimlich
    unheimlich sein
und schauerverregnete Straßenbahnfenster
wenn dir der nasse Kondukteur auf die Schulter klopft
und das Sechseck einer Schneeflocke auf deinem Kragen
    der nach Hubertusmantel schmeckt
wenn du am Abend durchschüttelt irgendwohin fährst –
    hinter vollgesogene Fensterkreuze im Vorbeifahren
    hinter Blumenpapier, auf fröstelnde Scheiben geklebt,
    geht dein hundenasser Blick

Gegenwartmann Knecht Ruprecht
Im Herbst heißt es ehrlich sein sagen die Spatzen
Du mußt ein Vogelaug haben
Du mußt in abgewinkelten Seitengassen gehen können
    ohne die Marseillaise zu pfeifen
ohne mit Spazierstöcken Takte ins Glatteis zu klopfen
es bekommt keine Löcher ohnehin,
aber ausgleiten mußt du nicht, weißt du?
Es gibt Laternen auch hier, weißt du?
Es gibt Sender auch hier auf Schritt und Tritt, weißt du?
Es wimmelt nur so im Nichtbemerkten von Antennen auf
    jedem Hute
Rede mit den Antennenspitzen und nicht mit den Hüten,
weißt du?

Jetzt scheiden sich die verschiedenen Tiefen
Jetzt ißt du am besten nicht *zerschnittene Blumen*
Die haben einen eigenen Geruch, einen unguten,
jetzt iß das Brot der letzten Ernte oder bohre scharf
    in Weißblech und schneide rundherum
den Anschnitt eines Stückes Konserve.

Möglichst rasch spanne dich vor den Rest der Landwagen
atme die gelbe Deichsel
keuche den Gesang im braungelben Stoppelfeld
    vom jagenden Grau unter dem ausgespannten Grau
und dann rauscht der Himmel nieder.
Du siehst nur wenige Schritte weit
Die Erde bekommt Widerspiel Explosionen
Fontänen aufwärts prasselnder Regenbündel
und schräg abwärts, gebrochen
und überlagernde Kreise immerfort überall.
Durchnäßter Mann,
Mann der dreitausend Schritte!

Du spürst die frierende Haut deines Wettermantels
Der Wettermantel ist ein packendes Gedicht
Ein vom Regen beprasseltes Packpapier rauh und naß
Ein vom Regen heimgesuchter Hund wirft glatt seine
    Beinpaare aus
Ein Hund ist die Regendraisine
Ein Hund führt dich im Postsack auf Schienen
geradeaus ins frische Jahr.

Das sagen die Zeilen von Schornstein
in die Fenster der Stadtbüros.
In olivgrauen Parks verraucht eine Flasche Nagellack.
In lila Postzügen schaukelt ein Korb Gartenerde
    die Stadt in tiefen Schlaf.

# Warum sind die Latrinen so traurig?

(1969)

## Vom Leben in Tulln

Warum pflegst du nicht deine Karnickel?
Warum gibst du dem Kind keine Wickel?
Bei der Karnickelpflege
ist mir der Bart im Wege,
und vor dem Wickelgeben
muß ich Artikel kleben,
schwer ist das Leben in Tulln.

   Wenn ein fahlblauer Pfahlbauer Kalauer hört
   und ein Schlauer die Arealmauer kehrt,
   muß ich immer dran denken,
   was sie singen beim Henken:
   Schwer ist das Leben,
   leicht ist das Schweben,
   bald kommt ein Beben in Tulln.

Sag, ernährt das Kantinchen den Pächter?
Hörst du auch oft Kaninchengelächter?
Wer ein Kantinchen pachtet
und drin ein Trinchen schlachtet,
muß auch Kaninchen schinden,
weil sie sonst Trinchen finden,
schwer ist das Leben in Tulln.

Wenn ein fahlblauer Pfahlbauer Kalauer hört
und ein Schlauer die Arealmauer kehrt,
muß ich immer dran denken,
was sie singen beim Henken:
Schwer ist das Leben,
leicht ist das Schweben,
bald kommt ein Beben in Tulln.

Warum fliegt über Tulln nicht die Swissair?
Fliegt sie nie oder war das nur bisher?
Wenn oben Schweizer fliegen,
meckern die Heizer-Ziegen
und die Melassekessel
prasseln wie nasse Sessel,
schwer ist das Leben in Tulln.

Wenn ein fahlblauer Pfahlbauer Kalauer hört
und ein Schlauer die Arealmauer kehrt,
muß ich immer dran denken,
was sie singen beim Henken:
Schwer ist das Leben,
leicht ist das Schweben,
bald kommt ein Beben in Tulln.

Sag, wie lebt sichs mit Tlačils Corinna?
Küßt sie heuer die Tulpengewinner?
Willst sie genauer kennen –
schlaf mit drei Auerhennen.
Willst sie in Stulpenstiefeln,
schenkt sie dir Tulpenzwiefeln,
schwer ist das Leben in Tulln.

Wenn ein fahlblauer Pfahlbauer Kalauer hört
und ein Schlauer die Arealmauer kehrt,
muß ich immer dran denken,
was sie singen beim Henken:
Schwer ist das Leben,
leicht ist das Schweben,
bald kommt ein Beben in Tulln.

Warum gibt es nicht *dein* Tulln und *mein* Tulln?
Und was träumt dort ein Schnuller beim Einschnulln?
Schau, wenn ich alles wüßte,
zög ich zur Silberküste,
ließe den Schnuller schmollen,
tät mich aus Tulln verrollen,
denn:

Wenn ein fahlblauer Pfahlbauer Kalauer hört
und ein Schlauer die Arealmauer kehrt,
muß ich immer dran denken,
was sie singen beim Henken:
Schwer ist das Leben,
leicht ist das Schweben,
bald kommt ein Beben in Tulln.

# Hm hm hm hm hm, das war Belinde Cinnamon

Sie war ein Mädchen zweiter Güte,
doch trug sie ausgenähte Hüte,
hm hm hm, wie läuft die Zeit davon..
Sie hatte eine Eins in Turnen
und liebte blau lasierte Urnen,
hm hm hm hm hm, das war Belinde Cinnamon.

Sie fragte oft die Stadtbewohner
nach einem Hecht mit Nasenschoner,
hm hm hm, wie läuft die Zeit davon..
Sie fing sich stets nur Murmeltiere
und schluchzte »Wenn ich euch verliere...«,
hm hm hm hm hm, das war Belinde Cinnamon.

Sie wurde nie die wahre Hausfrau.
Sie sah die Mäuse immer mausgrau,
hm hm hm, wie läuft die Zeit davon..
Sie hörte gerne Bänkellieder
und wünschte sich ein Schenkelmieder,
hm hm hm hm hm, das war Belinde Cinnamon.

Sie kaufte zu sozialen Preisen
Bakterien und altes Eisen,
hm hm hm, wie läuft die Zeit davon..
Sie wurde fett und blieb doch mager
und gönnte jedermann ihr Lager,
hm hm hm hm hm, das war Belinde Cinnamon.

Sie kam dann schon auf allen vieren
und wollte uns den Bauch rasieren,
hm hm hm, da gingen wir davon..
Und einer lief zum Automaten –
Ach, hättest du sie nie verraten,
hm hm hm hm, unsere Belinde Cinnamon.

## Frau Moppendeckels Ampullen

Ich bin der Mächtigste im Lande,
ich fresse Kirschen samt dem Topf,
ich fresse Pinscher im Gewande,
ich fresse Hirschen samt dem Kopf.
Ich putz mir mit dem Blitz die Zähne
und gieße ein paar Donner nach.
Das macht das Rauschgift in der Vene,
das mir Frau Moppendeckel stach.

Ich bin der Ärmste aller Hascher,
mein Jüngster ist schon längst senil,
und meine Frau hat längst der Pascha,
dem sie beim Opernball gefiel.
Mein Reitpferd knabberte der Eber,
die Silberminen liegen brach.
Das macht das Rauschgift in der Leber,
das mir Frau Moppendeckel stach.

Ich bin der ärgste Damenschrecker,
ich trage einen Stachelschuh,
ich habe einen Schukostecker
und eine leprakranke Kuh.
Wenn ich beim Mädchenheim spaziere,
da werden alle Schwestern wach.
Das macht das Rauschgift in der Niere,
das mir Frau Moppendeckel stach.

Ich bin der tollste Farbenseher,
ich sehe alle Lümmel rot,
türkisblau alle Europäer
und violett die Kümmelnot.
Weiß seh ich meistens nur die Nymphe
und schwarz den Faun, ihr hintennach.
Das macht das Rauschgift in der Lymphe,
das mir Frau Moppendeckel stach.

# Neffenbesuch

Lieber Onkel Schizophren,
kannst du mir den Arsch vernähn?

Ja, ich lernt es auf der Schule.
Bring die Nadel und die Spule,
wart, mir hilft der Somnambule
aus der Gitterzelle zwo –
so, jetzt komm mit mir aufs Klo.

Lieber Onkel Schizophren,
kannst du nachts die Sterne sehn?

Glaubst du Dolm, ich bin ein Dichter?
Was brauch ich die vielen Lichter,
mir genügen die Gesichter,
die am Bett spazierengehn,
meistens sind es hundertzehn.

Lieber Onkel Schizophren,
kannst du Wittgenstein verstehn?

Wittgenstein mit dem »Tractatus«,
den Adlatus von Pilatus?
Sagt er nicht, der beste Status
ist der Status ohne Quo?
(Oder war das Clemenceau?)

Lieber Onkel Schizophren,
hörst du oft den Nordwind wehn?

Meine Fenster gehn nach Norden,
Südwind würde mich ermorden,
West ist längst schon Ost geworden;
wie die fünfte Richtung heißt,
wüßtest du bei etwas Geist.

Lieber Onkel Schizophren,
wem willst du den Hals umdrehn?

Wart, ich zeig dir alle sieben:
die mich drehen, die mich schieben,
die mich knofen, die mich zwieben,
die mit Senf, die mit Papier,
und zuletzt dreh ich ihn dir.

## Ich liebe nur noch meinen Siamkater

In der Heide,
wo von September bis Mai
November ist mit Nebel vom Torf,
steht meine Fabrik und macht Isomorph,
dreißig Tonnen im Jahr,
gegen Zahlung in bar.

Ich habe zwei Büros,
das dritte bin ich los,
seit mein Ältester sich verheiratet hat
mit der häßlichsten Schneiderin aus der Stadt
und Bikinis näht,
Marke »Comet«.

Ich liebe nur noch meinen Siamkater,
die andre Nächstenliebe ging mir flöten.
Erst neulich sagte mir ein Rechtsberater,
bis vor die Häuser kommen nachts die Kröten.

Beim Haupteingang
werde ich krank
vom Lärm einer kränklichen Bohrmaschine,
die bohrt wie nach einer Silbermine
und bohrt in Wirklichkeit nur durch Blech
und Kabelschutzpech
und heißt Modell Catherine.

Im Palmenhaus
– drei Palmen mit Laus –
empfange ich verrostend die Post,
und der Ingenieur
rennt aufgeregt her,
wenn der Kessel einfriert im Frost.

Ich liebe nur noch meinen Siamkater,
die andre Nächstenliebe ging mir flöten.
Ich hing kurioserweise sehr an meinem Vater,
doch wollt ich ihn für meine Mutter töten.

Brigitte Lohr
fegt mein Kontor
und saugt den Teppich aus im Palmenhaus,
ich packe sie
so ausnahmsweise
schnell überm Knie,
dann schreit sie, aber leise.

Klothilde Linn,
Vertreterin
von General Spares,
hält Liebe zum Kater
für etwas pervers,
doch geht sie mit mir ins Theater.

Ich liebe nur noch meinen Siamkater,
die andre Nächstenliebe ging mir flöten.
Vielleicht benötigt mich mal ein Psychiater.
*Ich* habe keinen solchen Kauz vonnöten.

Was immer passiert,
ich bleib isoliert
mit verläßlichsten Materialien
von den besten Freunden und schönsten Fraun
in Bulgarien und in Italien,
sogar vom Heidewirt
bin ich isoliert,
mit seinen weißroten Dahlien.

Und sterbe ich heute an einem Abszeß
oder einem Bericht der United Press,
daß jemand in einer nordirischen Stadt
ein Isomorphen erfunden hat,
das besser ist als mein Isomorph,
dann begrabt mich in meinem Dorf im Torf
in einer isolierenden Schicht:
die Würmer des Nachbarn dulde ich nicht
(auch keine einzige Assel);
my home ist auch jetzt my castle.
Laßt leben meinen Ingenieur
und alle trauernden Frauen,
doch den Kater werft mir hinterher,
er soll mir hier unten miauen.

Der Heidefriedhofsteinmetz Lämmerbrater
soll mir ein Schild an die Laterne löten:
Er liebte nur noch seinen Siamkater,
die andre Nächstenliebe ging ihm flöten.

## Seemannslied

Das Känguruh hat Sehnsucht nach Australien
(besonders, wenn es die »Mathilda« hört).
Es trägt im Beutel seine Marginalien
und hat noch nie ein fremdes Glück zerstört.

    Schrumm schrumm,
    was solln wir machen,
    wenn schwere Brecher krachen
    und der Klabauter immer lauter lacht?
    Schrumm schrumm,
    die tolle Kühle
    kommt von die Moleküle –
    wenn man das weiß, gibts Curryreis zur Nacht.

Der Pinguin hat einen roten Nabel,
denn seine Frau benützt gern Lippenstift.
Rund um die Erde sausen tausend Kabel,
wenn ihn Professor Konrad Lorenz trifft.

    Schrumm schrumm,
    was solln wir machen,
    wenn schwere Brecher krachen
    und der Klabauter immer lauter lacht?
    Schrumm schrumm,
    die tolle Kühle
    kommt von die Moleküle –
    wenn man das weiß, gibts Curryreis zur Nacht.

Der Pelikan kommt nie in die Kombüse,
denn seine Freundin hieß Marianne Koch:
sie war ein Flugzeug mit nur einer Düse,
der Arme aber liebt sie heute noch.

> Schrumm schrumm,
> was solln wir machen,
> wenn schwere Brecher krachen
> und der Klabauter immer lauter lacht?
> Schrumm schrumm,
> die tolle Kühle
> kommt von die Moleküle –
> wenn man das weiß, gibts Curryreis zur Nacht.

Der Eisenochs hat eine Messingzehe,
das kommt von einer Quanten-Mutation.
Wenn ich den Ochsen ganz genau besehe,
verschon ich meine Frau vor einem Sohn.

> Schrumm schrumm,
> was solln wir machen,
> wenn schwere Brecher krachen
> und der Klabauter immer lauter lacht?
> Schrumm schrumm,
> die tolle Kühle
> kommt von die Moleküle –
> wenn man das weiß, gibts Curryreis zur Nacht.

## Die Phenopopilen

Mein Bruder hat einen Schäferhund,
der liest die Diphthonge vom Käfermund.
Solche gibt es nicht viele:
er ist ein Phenopopile.

Meine Schwester hat einen Goldfasan,
der zündet nachts Südafrika an.
Solche gibt es nicht viele:
er ist ein Phenopopile.

Mein Vater hat einen Marabu,
der trinkt nur Sozialdemokraten zu.
Solche gibt es nicht viele:
er ist ein Phenopopile.

Meine Mutter hat einen Wüstenfuchs,
der dissertiert übern Küstenwuchs.
Solche gibt es nicht viele:
er ist ein Phenopopile.

Mein Neffe hat einen Einsiedlerkrebs,
der liest Karl Marx und verachtet den Plebs.
Solche gibt es nicht viele:
er ist ein Phenopopile.

Meine Nichte hat einen Ameisenbär,
der zeigt ihr die ganze Jagdbeute her.
Solche gibt es nicht viele:
er ist ein Phenopopile.

Mein Onkel hat einen Kaltbluthengst,
der logarithmiert für die NASA längst.
Solche gibt es nicht viele:
er ist ein Phenopopile.

Mein Großvater hat einen Ziegenbock,
der näht seiner Geiß einen Fliegenrock.
Solche gibt es nicht viele:
er ist ein Phenopopile.

Meine Großmutter hat einen Pinguin,
der nimmt gegen Reisefieber Chinin.
Solche gibt es nicht viele:
er ist ein Phenopopile.

Mein Sohn hat einen Zitteraal,
der beleuchtet am liebsten den Rittersaal.
Solche gibt es nicht viele:
er ist ein Phenopopile.

Meine Tochter hat einen Distelfink,
der verzinkt seine Fisteln mit Fistelzink.
Solche gibt es nicht viele:
er ist ein Phenopopile.

Ich selbst habe einen Schnatteratatt,
der diktiert mir nachts mein Oeuvre ins Blatt.
Solche gibt es nicht viele,
doch merkt man es an meinem Stile.

# Anarchistenwalzer

Mir ist der Staat suspekt,
in Wort und Tat suspekt,
der Potentat suspekt,
der Demokrat suspekt,
das Konkordat suspekt,
das Rektorat suspekt;
ich fühl in mir: bald naht
ein kleines Attentat.

Ich seh den Hauch korrupt,
ich seh den Bauch korrupt,
ich seh den Lauch korrupt
und Rußland auch korrupt,
seh den Verbrauch korrupt,
den Kaufstreik auch korrupt;
ich spür den Luntenrauch
und wie ich untertauch.

Ich find den Lohn morbid,
ich find den Mohn morbid,
ich find den Kohn morbid
und die Nation morbid,
find, wie ich wohn, morbid,
das Zyklotron morbid;
ich fühl im Kleinhirn schon
Revolution.

# Orte wechselnden Unbehagens

(1971)

## Zwei Menschen

Wir werden uns bemühen, Kläre, sagte der Mann,
die Zeit unseres Lebens nun rasch verstreichen zu lassen.

Ja, das wird das beste sein, zimperte Kläre,
schlaf in Hinkunft mit den Moigenen-Tafeln,
über die Quanten-Rotation, die dich so ausfüllen;

ich habe mir bei Seidl & Kwayssler
81 Knüpfpläne bestellt, Smyrna, lebensfüllend,
meine Tageszeiten werden papageienbunt, freudevoll
    sein.

Und, sagte er, die Hoffnung besteht ja doch immer,
daß einmal ein Narr die strategische Flotte losbindet,
über den Anden, den Appalachen, den Alpen.

## Morgen eines dienstfreien Tages

Der Morgen entschädigte für einen erinnerten Nachmittag,
an dem man viel zu früh sattgesoffen gewesen war.
Er entschädigte für erinnerten Jasmin,
der fast bis zum Blütenfall unbeachtet geblieben war,
weil es andauernd regnete, regnete.
Er entschädigte für Ute Westmaar,
mit deren Verklärung man sich lange aufgehalten hatte.
Auch entschädigte er für unfruchtbare Lektüre auf
    Bahnfahrten.

Nicht, daß der Nachmittagsrest nachgeliefert wurde,
die Jasminentwicklung rückgespult, Ute-Neu auf den
    Markt geworfen.
Aber die Sonne kam sehr schräg in das Morgenzimmer,
    und die Schatten
waren von gelbgrünen Blättern entblüteter Forsythienbüsche;
die meisten Familien der Siedlung schliefen; doch
    feuerten einige Motorräder.
Und vorbereitet lags da umher in den Nachbarhäusern:
ein Stapel Fotos mit Schere und Album;
eine Reihe Schuhe, zwei überlebende Rucksäcke;
der fernlenkbare Kranwagen mit neuer Taschenlampen-
    batterie;
der nachts unterbrochene Grundriß, die zwölf Fläschchen
    Tusche;
die Absicht, Rainer zu besuchen, *mit dem man vor zwölf*
    *Jahren auseinandergeraten war,*
in seinem Schreberhaus mit Wetterstation und Mikroskop;
das schwierige Stroganoff endlich dem Gatten zu kochen;
die dritte italienische Konjugation wieder aufzuschlagen,

*bei der man letzten Mai eingerostet war;*
einmal »auszuspannen«; Pribils den PKW-Ausflug
    abzusagen
nach Knobbelsdorf mit der vollautomatischen Kegelbahn;
die Hausapotheke von 1940 endlich wegzuwerfen,
zugleich neues Papier einzubreiten; die Meggendorfer
    endlich zu binden;
den Muskeltrainer in Betrieb zu nehmen; den doppelten
    Lidstrich anzuwenden
vorm Ausgehn mit Fritz ins Tobacco; zehn Schilling
    in den Opferstock zu werfen,
ohne um leichtere Gicht zu bitten; die Grabschrift nicht
    nachvergolden zu lassen;
Klaus endlich zu sagen, daß er ein feiger Coyote sei.


Ein Düsenjäger übte. Die Thermik war günstig,
allerdings für Nahe-am-Schall-Maschinen
wohl belanglos. Die Flugsicherheit der Meisen
wurde aufgehoben. Das Gezwitscher war stark.
Gedenkminute für ostasiatische Brücken,
die gerade hochflogen, mit zehn, zwölf Soldaten beladen.
Die Diplomatie blieb gottseidank rings unterkühlt.


Die Pfadfinder hatten für sechs Uhr ich weiß nicht was,
das Plakat zeigte nur einen Knoten. Die Falken ließen
    um sieben
Blaues und Rotes im sozialistischen Wind
auf dem Bierhäuselberg wehen und sich blähen. Dieter
    und Uwe
trafen um sieben Uhr dreißig ihren Führer Hansjürgen,
um Wienerwald-Stämme mit »Wir-kommen-wieder«-
    Runen zu zieren.

Playboys, unorganisiert, endlich legten um sieben Uhr
    fünfzig
sich an mehreren Stellen Wiens in die Betten,
ungebraust und das Kettchen noch um den Hals.

Unsere Schusterpalme gedieh. Keine Ahnung warum,
aber sie bekam ein Junges. Ich würde heute nicht saufen.
Mehr stand nicht fest. So stand alles offen.
Wunderbar warb um mich fast die ganze Welt:
Weiterarbeit an zwei halbtraurigen Stories
(roter und grüner Zellulosekarton),
einem Ulk, einem Schweinestück (hellblau), einem
    Gedichtband;
Theorie; Spazierweg nach Salmannsdorf zum Studium
    der April-Mediokren
in den wunderbar unreifen April-Siedlungsgärten;
Haufen ungelesener literarischer Zeitschriften
(Stuttgarter Gruppe; intuitive Montagen; Atomtod);
Flüchtigkeiten über Teenager auf dem vorletzten Tage-
    buchblatt;
letztes ukrainisches Buch, nach Notizen über Hrihorij
    Kwitka zu sichten;
zweitrangige Korrespondenz wegzuputzen; eine Trauer
    aufzudecken; Platz zu schaffen
für wochenlang ungestörte Arbeit; Zettelkasten endlich
    zu basteln;
alles bleibenzulassen, den Tag freizuhalten für Über-
    raschungen,
die längst fällige Lebensänderung à la »Archaischer
    Torso Apollos«,
etwas Freiheit in unangebrochenem Pack.

So entschädigte der Morgen, ohne Schäden aufzuheben;
besserte er, indem er neben das Schlechte Neues setzte;
entschädigte für Zeitverschwendung durch neuerliche
    Zeitausschüttung;
ersetzte greises Welt- und bekümmerndes Lebensalter
durch transparentblätter-zartes Tagesalter;
verjüngte, denn jünger als am Morgen kann man nicht
    sein.

## Verfremdung des Wohnviertels K

Durchkrantes Land. Die Häuser Aufwürfe,
die Straßen ungeduldig abgesicherte Mulden;

in der Tageszeit der Gleichwertigkeit
von gelbblauem Himmel und gelben Lichtern.

Der im neuen Wirtshaus am Spielautomaten
fragt die Schlampe um Schillinge, will weitere Pubertäts-
  pickel kaufen.

Radios suggerieren mir schon,
daß es sich hier neuerdings um *Goldgräberstadt* handelt.

Ich nicke, scheuend den gröbergewordenen Fußballplatz,
nurnoch der Fünfjährigen zu in ihrem schmutzigen
  Laufkleid.

Kleine Blockschatten hin, große zurück –
vieles schleust Fahrzeuge (noch bunt) durch die Mulden.

Vive Menschengruppen feiern die Leichterhältlichkeit.
Die neue Glocke schlägt fast pausenlos Viertelstunden.

## 7. Mai

Über die unverrückbaren Ebenen, Wasserwerke,
Hochspannungsleitungen mit Vögeln darüber, Kindern
    darunter,
Schießplätze, deren Figuren zu Vogelscheuchen wurden
    und Wanderer-Zeichen,
Zaunwege, auf denen vor drei Jahren ein interessanter
    Mensch gegangen,
Flußarme, die verwaist sind, seit die Familie des Dr. T.
    nach Westen gezogen,
Eisenbahnschienen, deren Zwischenblüten nicht mehr
    der Sechsjährige pflücken wird in Nähe der
    Thermosflasche seiner Mutter,
Fabrikhallen mit starkem Lichteinfall, deren Arbeite-
    rinnen längst ausgewechselt wurden, aber ist das
    Surren der Packmaschinen und Ventilatoren weniger
    unmittelbar geworden?

über die Almhäuser, von deren anderer Luft ein
    Vertreter lernen möchte, anders zu werden,
aber Mauern und Balken
und die Glocken der Kühe bleiben ihm unanwendbar
    fremd,

über die Mischwälder, deren schwarzbraun und licht-
    grüne Wipfel einem schwarzgrün und rostroten Herbst
    entgegenuhrwerken
und der Reisende im Abteil kaut betroffen seine
    Schokolade,

über die Siedlungen nahe dem großen Fluß,
wo die schlanken glänzenden Krane nicht aufhören, sich
   zu drehen,
und pflusternde Bagger Hügel in Lehmrot aufwerfen
   und Schatten einlagern in der Erde,
die Siedlungen, wo einem Mädchen, die waschen hilft,
   der Sonntag-Tanz etwas bedeutet,

über die Baracken, wo brütende Dachpappe und
   ausgegossenes Kernseifenwasser, das jetzt von der
   Sonne beschienen zwischen Büschen versickert, mit der
   Zeit ein neues Siebenbürgen werden,
der Mann mit der Pfeife findet heute schon das eine so
   unwirklich wie das andere,

über Vorgärten alter Zweifamilienhäuser, in denen
   schwerhörige Damen
das Knistern von Seide erinnern und ihre Ziele sinnlos
   finden
gegenüber der reinen Beschaffenheit von Stoff und der
   Wildnis von Lilienblättern,

über Vorstadtfleischerläden, wo heute das Mädchen gern
   in den kühlen Raum kommt,
weil sie hier ihre mehrfache Perlenkette dem Herrn
   Niemand vorführen kann,
dessen dauernder Mannequin sie ist seit ihrer
   biologischen Reife im vorigen Jahr,

über das Restaurant auf der Höhe, wo der Ingenieur
    speist, der seinen häßlichen Posten aufgegeben hat und
    jetzt Erster Ingenieur ist,
sodaß er ein Barfräulein aus dem Zentrum der Stadt
    neben sich auf dem Sessel aufpflanzen könnte,
aber er zeigt den Schmerz der Einsamkeit lieber
    ungetarnt,
pflegt geckenhaft sein Äußeres
und schüttet Ironie über sich wie ein sublimes Toilette-
    wasser;

über das Weinausflugsgebiet, die Pechgewinnungs-
    wälder, das Spital,
wo ein Masernkranker mit dickem Himbeersaft seinen
    Durst löschen muß,
wo sein Freund sich zusammenpackt und dann geht er
    schon die Allee entlang zur Bahnstation mit seinem
    Koffer,
noch etwas schwach auf den Beinen, ganz gefangen vom
    Frühling,
das Spital, wo die Krankenschwester um zehn Uhr
    umhergeht mit dem klickenden Wasserglas voll
    Thermometer
und in den gelbgrünen jungen Blättern der Büsche
    singen die Spitalsingvögel
und in den Spitalkesseln der Küche kochen die Köchinnen
    ihre Riesenmahlzeit;
einem, der über den Gang geht, erwacht der Halb-elf-
    Appetit auf das Erbsenpüree,
im Laboratorium durchstrahlt die Sonne bunt die
    Urinsorten,
und ein sachliches Mädchen, vom gelben Blütenfenster

ganz abgedeckt, singt sich ihr eigenes Wiegenlied;
über die aufgelockerte Marktszene,
wo man etwas seitlich von Badgehern mit losen
    Täschchen
in einem Dickicht von Petersilie, Wurzeln und gelben
    Rüben versinken kann
oder auf dem feuchten Boden einer Marktbude sich
    niederlegen,
in Nachbarschaft nur eines Strohbesens und eines Eimers,

über die saubere Bienenzuchtanstalt
mit numerierten Stauden und Bäumen, Kapuzen und
    Spritzen
und da und dort sogar einer wirklichen Biene,
die zu einer Blüte fliegt,
und einem vereinzelten Arbeiter,
der einen Schotterkarren führt mit gleichmäßig nichts
    erwartendem Schritt,

über den Weinbauern-Hof, in dem, seit Gäste darin
    verkehren,
einige Überraschungen stattgefunden haben,
die am nächsten Morgen von der mürrischen Hausfrau
    ausgekehrt werden,
auch der Himmel wurde danach wieder gereinigt,
sodaß er jetzt offensteht Entschlüssen, Bindungen an
    Menschen, oder der Langenweile;
auch dem Gebet, der präzisen Klage und meteorologischen
    Studien;

über die Viadukte, in denen nichts
die abendlichen oder nächtlichen Huren verrät,
die, fluoreszenten Glasschmuck an den Ohren,
bis zu einem gewissen Grad die Verwirrung noch
    mehren;
viel aber gibt es im Augenblick Krautblätter und
    Kraftfahreröl;

über all dem und den melancholischen Gärtnereien,
in denen eine Stunde für immer vergeht
und die Blumentöpfe sind die einzigen, die das würdigen,
die das ausläuten würden, wenn sie Glocken wären,
während die Gärtnertochter, wie sie glauben, von nichts
    eine Ahnung hat,

und über dem Speckauslassen der Fleischer,
das über die Gasse bummelt mit diebstahlanstiftendem
    Geruch,
das die Leute quält, die das nötige Geld nicht haben,
oder die für heute schon Haferbrei vorgekocht haben,
oder die einen Gallenanfall erwarten,
während der bratige Duft weiterschwebt, weitergeht ein
    paar Häuser,
den ganzen Vormittag so;

und über dem Farbe-Anrühren, dem kühlen, rast-
    gewährenden Kalk,
erdig, herdig, häuslich,
auch klösterlich, burgig, wenn man will,

über all dem und dem Tiergarten,
in dem Frettchen sich das gelbe Äußere rosabeißen,
in dem Waschbären Wasser schöpfen aus ihrem Faß,

über dem mit Kreide eingestaubten Schneider,
der ein himmelblaues Kostüm zuschneidet für eine
    zweiundsiebzigjährige Dame,
aber zu seinem Fenster kommen neugierige Vögel herein,
während er seinerseits bunte Zwirnenden hinaus-
    schmeißt,
sodaß Innen und Außen langsam gleichwerden,

über all dem und der Schusterwerkstätte, in der der
    Meister
mit der Zeit so unter hunderten Paaren von Schuhen
    versinkt,
daß er immerfort seinen Namen vor sich hermurmeln
    muß: Rappototschnigg, Rappototschnigg…
damit er nicht Schuh unter Schuhen werde,

und über den Feinmechanikermeistern Vater und Sohn,
die bis vierzehn Uhr mit Flanschköpfen scheppern
    werden
und Lieferwagen in Gedanken und Worten Schweiß-
    apparate nachwerfen,
sodaß sich ein riesiger Autofriedhof bildet um ihre
    boshafte Schwelle, über die man hinfällt,
ein grau aufgerichtetes Brettchen mit der Aufschrift
    »Hoppla!«,
um vierzehn Uhr aber geht es in den Buschenschank,

und über der Bezirksmeisterin im Schnapsen,
die ihrem verzweifelten dicken Buben beibringt: das ist
  der Bub,
das ist nicht die Dame und der König und das As, das
  mußt du lernen du Aas,
aus dir wird nie was, und ihn mit Brunnenkresse füttert,
  damit sein Kopf Vitamine kriegt,

und über dem Keramikstudio, in dem Manuela mit der
  Roßhaarperücke
vor dem Brennofen den Entwerfer einer Vase zur
  Zärtlichkeit nötigt,
ihr Mund gibt ihm kalte, violette Falten,
und ihre großen formenden Petrolhände patschen ihn an,

über all dem und dem Polizisten,
der einen Hund gefunden hat, welcher eine Sonnenbrille
  gefunden hat
und sie nun im Maul trägt gegenüber dem Speisehaus
  mit dem Durchblick auf Aquariumgarten und Lawn-
  Tennis,
wo der Rasenmäher eine Amsel geteilt hat und zugleich
  ein Musterflakönchen Chanel No. 5,
sodaß für belesene Leute eine Eros-Thanatos-
  Atmosphäre entsteht nach dem Rumpsteak,

über all dem und der Kirche für Neugierige,
wo die Trauung abgeblasen wurde und seitdem schaut
    jeder
auf dem Gang zur Postautoendstelle rasch einmal rechts
    hinüber,
als wäre ein neuer Heiliger aufgestellt, der mit der
    Achsel zucken und Buh! rufen kann,

über all dem und dem Photographen,
der Voigtländer noch geraten haben will, die richtigen
    Linsen zu bauen,
noch ein *Vogi* aus schwarzem Karton besitzt, das
    von der Kamera hochfliegt,
noch schwarze Fingerspitzen hat vom Tauchen in Silber-
    gallerte
und seine schwarzen Augenbrauen mit Höllenstein
    nachschwärzt,

über all dem und dem Meßamt, das geschlossen ist, seit
    das Eichamt mißt,
aber das Schild ist noch da: zehnte Muse, blind, das
    Urmeter tragend,
rechts und links ein Frosch, das Schild beschirmend,
ein Spalt in dem rostigen Rolladen lädt zum ver-
    stohlenen Reinschauen,
nur kommt man nicht hinüber: der Steg über das
    stinkende Bächlein ist abgerissen
und eine bebrillte Sechsjährige in rot-grün-karierten
    Knickerbockers knallt eine leere Tomato-juice-Flasche
    ans Blech;

über all dem
und einem bärtigen Schulbubenpaar, das konjugiert: ich
    lenze fau, du lenzt fau, er lenzt fau
und: ich bin ana, du bist ana, er ist chronistisch
und wiehert und sich tritt und ins Bäckerhaus heimläuft,
    wo die Fanny Hill versteckt ist,
eine Fetzenpuppe mit allen Details,
unter den handgenähten stäubenden Säcken LUSST-
    MÜHLE ROGGEN II A,

über dem ehemaligen Spediteur Kajan, tintenstiftnarbig,
der bei jeder Windstille in der Likörstube sitzt,
auf dem zerrittenen Küchensessel, und nun einer statt-
    lichen süchtigen Stenotypistin vom Türkenfeldzug
    erzählt,
in dem er viermal vom Pferd fiel und sich zerschlug;
und die Stenotypistin rät: »Urin, nichts als starken Urin
    auf die Wunden!«;

über all dem liegt,
über all das fliegt
der Tag 7. Mai
eines nicht sehr bedeutenden Jahres
eines sich selbst viel bedeutenden Autors,
aber eines bedeutenden Jahrs
vieler andrer und an und für sich.

Er wurde ersehnt

am 26. August, als der Urlaub zu Ende war und Pamela
dem Chef weinend die Brille nachtragen mußte,
Pamela hatte noch die rauchenden Felder der Bahn-
rückfahrt in Erinnerung und mit Ernst war es wegen
eines lächerlichen Schuhlöffels auseinandergegangen,

am 2. Februar, als ein verrückter Föhn über die
Wienflußbrücke bei Auhof jagte und mir den Knochen
eines frühen Frühlings vor die Nase hängte, der
beim Zubiß wegschnellen würde,
und wirklich folgte der ganze Winter und ich hatte
niemand, der an einem Schneemann interessiert war,

am 1. November, als Karli schulfrei hatte, aber auf den
faden Friedhof mitzotteln mußte, es war sonnig und
naßkalt, die Wege waren vollgeschüttet mit Laub, die
Schuhe kalte Umschläge, und er bekam Lehren: mit
zwölf Jahren muß man schon grüßen,
am Nachmittag aber waren sie alle bei Onkel Gusti
eingeladen, der Karli nichts als Lateinisch abprüfte,
und die zwei Cousinen waren im Theater,

an einem datumlosen Regentag, da wir trotzdem
spazierengingen, um unsere Unabhängigkeit von dem
bißchen Sonne zu zeigen,
und durch die erwarteten Fichten strömte auf den
erwarteten Waldgrund der regenverdünnte Harz-
geruch, und uns war es endlos gleichgültig, ob da
morgen Pfifferlinge aufstehen würden, und wir
fragten »Was nun?«,
und eine junge Semperit-Arbeiterin erzählte von
schmorender Luft und dem Betriebsunfall ihres
Mannes,

an einem Feldstecherabend im Juli, die Optik stand
gegen den Sternenhimmel, und der Knabe wünschte
sich, zwei Jahre älter zu sein inmitten der weiblichen
Sternnamen,

an dem Abend eines Bauernrentners im Juli des nächsten
Jahres, der Arm war steif, und der Mann wünschte
sich, noch einmal jenen Grasflecken sicheln zu können,

an einem Sterbevormittag im ungelüfteten Bett mit
viel Eau-de-Cologne und dem Conan Doyle oder
Malte Laurids Brigge,

an dem strategischen Tag, als die Steuern sich endlich
bezahlt machten und der blendendrosa Himmelsofen
anheulte,
für den Augenblick bekamen die schmelzenden Städte
hoch oben Silhouetten und Fenster zurück,

an dem endgültigen Tag, als die Sonne ihren Platz im
    HR-Diagramm verließ, sich zum Riesen aufblähend,
sodaß die Leute auf Proxima Centauri ihr Nacht-
    schauspiel hatten
in Lauben, Betten und Observatorien am 8. Mai 2213.

So wurde er ersehnt,
von hinten und vorn,
der 7. Mai,
und nun ist er da
und wir können alle seine Schlupfwinkel aufsuchen,
noch viele Stunden lang,
seine Flugebenen überfliegen
viele Stunden lang.

Über die Schmiede in der Kreisstadt, die kaummehr
    Arbeit hat und nie einem bittenden Amerikaner die
    Hufe beschlägt,
auf dem Fensterbrett aber stehen schreiende Blumen und
    Bierflaschen mit dem Totenkopf »Vorsicht! Ätzend!«,

über die Lehmstraßen, Kalkstraßen (noch zwei Meter
    drüber ist das Böschungskraut eingemehlt; wir rannten
    an einem perfekten Sonnentag mit prallblauem
    Himmel stark lachend in die Bissige-Hunde-Wiese
    hinein),

über das windverkollerte Zeitungsblatt mit der lesbaren
    Schlagzeile STREIT UM ZWEI SENATOREN,
    zuletzt braun von einem Kind benutzt,

über das gold-rot-blaue Pyjamapaar, flatternd von der
    Fensterleine eines Bausparkassenhäuschens, dahinter
    planscht Hausmotorenlärm,

über die versöhnlichen Lichtkegel im Vorraum des
    Zahnarztes, wo das Kieferkind kein Interesse an
    Donald Duck hat,
leise fällt nebenan Nickel auf dickes Glas,

über die drei Vormittagfrauen in Rostrot, Oliv und
    Grün,
die seit fünfzig Minuten um den Gehsteigrand tänzeln,
vor allem erörternd, ob Erika eine verdächtige
    Krankheit hat,
zwei der Einkaufstaschen mit langen Suppengrün-
    bündeln geschwänzt,

über den Tennisplatznachmittag, in dem ein kahler
    Grieche,
von Käse abbeißend, Schritt für Schritt den Kreidewagen
    zieht,
auf deutsch murmelnd: »ein so ein schlechtes Geschäft …
    nein, sowas …«
und die einzigen Gäste mit Käskrümeln fütternd,

über das Internat, wo um vierzehn Uhr dreißig
die Briefstunde begonnen hat und Frau Lucille sagt:
Kinder, schreibt nicht nur von der Küche, schreibt auch
    eure Eindrücke nieder,
in Jahren werdet ihr dankbar diese Aufzeichnungen
    lesen –
bist du unwohl, Jacqueline?

und über den Eissalon, wo eine lilahaarige Dame die
   Krücke
an den benachbarten Teenagersessel klackt und im
   aufkommenden Nachmittagwind,
zu den Seglern aufschauend, klingenden Baritons aus-
   ruft: Drei Eiscafé für mich!
Ich habe Krebs! Ich will das Leben genießen!


und über den Stein im Fluß mit der beige-roten
   Sprenkelung,
dem es jetzt etwas kühler wird, weil die Sonne nicht hin-
   scheint,
und ein eisweißer Sprudel Selterswasser erkühlt ihn noch
   weiter,


und über die zwei Drogeriemädchen, die vor der
   Grillstube
das Stöckeln verlangsamen und sich ansehen: meinst du,
   kann man da reingehen?
und sich vor der Scheibe noch zusammen mit Obstblüten
   spiegeln
und seidendünn finden: o ja, wir können da reingehen;


und über den Jusstudenten, der hier Hasplinger Bier
   trinkt,
weil ihm davon immer schlecht wird und er braucht das
   zur Buße,
weil er Minderjährige schreckt und darunter sehr leidet
   in seinem traurigen Vollbart,
aber längst nicht mehr wagt, zur Beichte zu gehen;
maiabendgelb steht der Strafkrug mit blauem Email auf
   dem blauweißen Tischtuch;

94

und über unserem Grillvieh und unserem Erlauer-Römer
liegt und fliegt der 7. Mai und lugt schiefen Hakens noch
    aus dem Kalender,
während wir grillrote Blicke auf rülpsende Drogistinnen
    werfen
und dem Jurisprudenten seine Sünden verzeihen im
    Rotweinschein,
anstimmend:


»Über den Kartoffelkäfern und einer Reinkultur
des trepanon bulbiformum
und einer violettgekachelten Badewanne
mit patinierten Armaturen und eingebautem Zieh-
    brunnen,
der Henkell trocken in Regenbogenfarben
einem Junglöwenhändler in Nasen- und Ohrlöcher
    sprüht
zu den Klängen der Nacht auf dem kahlen Berge,

über die Gipsfrequenzen eines neugegründeten
    indonesischen Staates,
der Fallschirmseide exportiert und Science fictions
    versendet
gratis an alle, die Obstessig trinken und mit Stückkohle
    heizen,
wenn ihnen nach der Bense-Lektüre zu wasserblau und
    zu kalt wird,

über die Jungfernfreuden einer Selbstbratepfanne,
eines Asbestanzugs bei der Verhütung von Gurkenpreis-
      demonstrationen,
über die Kümmernis eines eingestellten Braunkohlen-
      werkes,
in dem zum letzten Mal die Plebejanka erklingt,
und von Kometensuchern, die in der Warte von Upsala
      rosten,
weil sie für die neue Schweifmode nicht durchlässig sind,

über die Beschwerden von Geiselgasteigregisseuren,
die Rahel Buzzi nicht kriegen für die Besetzung der
      Agnes Bernauerin,
und Masochisten, denen das Kapsikumpflaster zu
      schwach ist
zur Auflage auf die selbstgebastelten Wunden,
von Hirsebauern, die nichts verkaufen, weil sie einsilbig
      sind,
die Hirse aber zweisilbig ist,
von Bremsenfleischhauern, die immer zu stark auf die
      Bremsen hinhauen,
als daß sie uns das Bremsenfleisch nahbringen könnten.

über brikolierende Billardbälle in einem Duft von
      erbrochenem Mokka,
dem Gelöbnis ›Du bist genauso schön wie deine
      Freundin‹ in Kilokalorien,
dem Holzschuhtanz über abgedichtete Grasplatten
in einem Stadtgarten mit besonderer Erlaubnis der
      Ortsmonomanen während des Berylliumfeuerwerks
zu Ehren der Zentrumspartei ›Kikeriki ante portas‹,

über frischabgeschaffte Mänaden und frischangeschaffte
    Faune,
Hörnungsszenen in der Residenzhalle von Stuttgart,
Verschacherungen auf Tivoli, Verballhornungen in
    Sydney,
Lotoszerstörungen in Nebraska, Polyphonieversuche in
    Bayreuth,
während Rockefeller da ist weil er nicht dort ist,
während eines beachtlichen Kümmelaufwandes
in der Eigernordwand beim Sonnenanblasen
und Muskelkraft-aus-der-Cellophantüte-Essen,
während der Promotion zum Doktor der schiefen
    Geraden
und der Habilitation zum Bohr-Sommerfeld-Aktgirl
mit Sankt-Pauli-Verbot und Salut für den Linksdrall,

über all das und die schön eingerissenen Stuten
und die Zecken, die den Pomologen die unumgängliche
    Lektion erteilen,
all die Blindschleichen in den Lederrücken der
    Bibliotheken und die Aale und Wale
in den Wassergläsern und Spüleimern und die Spul-
    würmer in den Leibeshöhlen der Lieblichen
und die Eichenrindenabsude und die unverstöpselten
    Flaschen,
wo draufsteht ›Ich mag dich, Kilimandscharo‹ und
    ›Breakfast‹
und ›Schwer ist das Reich bis morgen früh‹ und ›Viva
    Rasputin!‹,

über Drogenfresserinnen und Rechtsverdrehern
und Linksverbindern und Doggenesserinnen
und Kalender und Grillspieß und Leuchtbrötchen und
    Kalender
und Maßtümpel, Strafkrug, Minderjährigenschreck,
    Obstblütenhalbseide,
Erlauer, Gin Martini, Sliwowitz, Steinheger

fliegt und liegt,
liegt und lügt
unaustrinkbar
der 7. Mai.«

## Wien – Berlin

Elfriede, Juniabend, Café R.,
Zuhälter sah gelegentlich herein,
sie wollte ihren süß, ich meinen trocken,
wir sprachen von CDU/CSU,
die mit dem nackten Rücken fand sich keinen Kunden,
der Bürgermeister hatte auch versagt,
jetzt wurde er als Buchstaben gegessen,
(Hedy in Döbling suchte ihren Igel,)
Elfriede nähme gerne LSD,
auch mich für ein paar abgeschlagene Stunden,
gleich um die Ecke wurde man verheizt,
die Juden schützten vor den Wienern ihren Nasser,
Elfriede trank dazu ein Sodawasser,
Anthologieautoren huren viele,
gestattest du, daß ich ein bißchen ausschwitz?,
Elfriede trug das rote Licht verständig,
man spielte für die Unentschlossenen viel Knef,
noch auf die Bahre tüchtig hingeknüppelt,
wie Gerald da zwei Monarchist sein kann?,
er kommt wahrscheinlich heut noch ein Gewitter,
die Nackte gab sich einen Fernet Branca,
Ortswechsel wegen Kummers ist doch klass,
die Springerpresse Pipeline-Interessen?,
du bist doch kein Romantiker, zwick *mich*,
Elfriede trug ein rotes Minikleid,
sie suchte einen Kommentar im »Spiegel«,
(Hedy in Döbling fand jetzt ihren Schlaf.)

## Zerrissen 17. April 1968

Bereitwillig, wie sie waren, zu Friedensgesprächen
scheiterten sie an der Unkenntnis einer geeigneten
    Konferenzstadt.
Zwischen dem Vorschlag Warschau und dem Vorschlag
    Wien
besuchte mich die Bombe meines Lebens.
Der Vorschlag Paris kam zu spät.
Es tat gar nicht weh, nur: bitte, Herr Okopenko,
schreiben Sie dieses sinnvolle Sterben irgendwo nieder,
wenns sein muß, am Ende Ihrer Sammlung von
    Mädchengedichten.

Ich hab so Angst, daß die Chinesen kommen

(aus dem Nachlass)

# Der Computer

Was ist ein schlechter Mensch und was ein guter?
Das weiß ich längst schon nicht.
Ich werde mit der Zeit ganz ein Computer
und subtrahiere
nur mehr bei ultraviolettem Licht.

Ich erzähle, ohne Umschweife,
daß ich gestern eine Schönheitsseife entwarf,
denn danach war Bedarf,
die Olefine waren schwer zu ermitteln,
doch morgen diktiere ich den Männern in weißen Kitteln:
man möge sich sputen
und mache in dreizehn Minuten
sechsundzwanzig Polarisraketen scharf.

Beides: die Seife, womit sich Kim Nowak einschäumt,
bevor sie was Hautzartes träumt,
und der Polarisschlag, der endlich China wegräumt,
wobei leider auch ein Stück Japan mitmuß,
haben – Sie werden es nicht glauben
und werden schnauben –
ein Stück gemeinsamen Algorithmus.

Zwei Oder und ein Und,
wenn A R positiv
bei 75 Zellen
mit 2 hoch 18 Stellen.
Bei 17 würde ein Hund
in Peking vorzeitig bellen
und wedeln mit dem Schweife,
und Nowaks Schönheitsseife
verbreitete Dorschlebermief.

Meine Frau
kennt mich genau
und spricht mich morgens nur an mit »begin!«
und einem Vau
in langwelligem Blau
und stellt mir neben das Jam
ein rotes M
mit einem kräftigen Akkumulator hin.

Ich induziere
Kontrollströmchen
und perseveriere
Zirkon-Atömchen
für den größeren Speicher, auf den ich spare,
zwei Jahre
und ich habe ihn,
schnappt mich nicht früher der Ho-Chi-Minh.

In diesem Speicher werde ich lösen
die Quadratur des Kreises,
die es nicht gibt,
und allerhand Leises,
auch das Problem
des »sogenannten Bösen!«
und der Schuh-Ösen,
die nicht ausreißen,
und der Dompteusen,
die der Löwe liebt
mit zärtlichem Beißen.

Abends betupft mich Clarisse
bei der Taste »end!«,
doch sie meint nur »stop!«,
des bin ich gewiß,

denn sobald sie entbrennt
bei der Schaltung Flip-Flop,
sagt sie immer »tipptopp!«
Ich leg ihr verschämt ein Zet
aufs Bett,
ganz violett.

Es macht so glücklich, Computer zu sein:
alle Schererein
verwandeln sich in Rechnerei
und gehn in Millionstel Sekunden vorbei.
In wenigen »bit«
kriegst du die ganze Weltunordnung mit;
im Grund
heißt die Frage ja immer »Sein oder Nichtsein«,
die erledigst du sogar ohne Und,
den ganzen Moder
mit einem einzigen Oder,
du mußt nur genug licht sein
und stets an die Oder-Grenze denken
beim Schönheitsbedarfs- und Polaris-Lenken.

Mit diesen Betrachtungen werb ich
für Nachwuchs auf meinem Gebiet,
denn irgendwann einmal sterb ich
an einem Ellipsoid,
an einer dritten Zahl neben Null und Eins,
an einem Stromstoß verkehrter Richtung,
einer unverdaulichen Information,
einer Benseschen Dichtung
oder zwei schlechtgewickelten Spulen …

Komm, laß dich schulen!

## Der Fernseher

Bei Schmiedl & Chwala, wo man zurzeit
vom Operngucker bis zur Melone,
vom Traubenzucker bis zur Kanone,
von der Trauer über die Mauer
bis zur Glückseligkeit über die Kehligkeit
der Bantu-Idiome alles kaufen kann,
mit fünfzehn bis dreißig Prozent Rabatt
auf dreißig Raten
frei Haus Skagerrak oder Kattegatt
oder Karpaten
oder Vereinigte Staaten,
schaff ich mir morgen endlich einen Fernseher an.

Ich war schon kein Mensch.
Wenn Friedl Hensch
mit den Solisten
aus zwanzigtausend Kaukasischnuß-Kisten
in unserer Stadt
erstrahlten und -schollen
in blaugrünem Licht;
da mußte man wollen –
auch eine! auch eine! –
ob man will oder nicht.

Ich bin ja auch nur einer,
kein Seiltänzer oder Bauchweiner,
und trage kein Holzaug und Bauchmieder,
drum brauch ich auch wieder,
was alle brauchen, gestern war es ein Tauchsieder,
vorgestern ein chinesischer Rauchverzehrer
und übermorgen ein artesischer Lauchvermehrer.
Morgen aber bin ich ein Mann
und schaffe mir einen Fernseher an.

Was ich dann tun will –
ihr werdet vorbeiraten.
Die kleine June will
ich endlich heiraten.
Ich wollte schon immer bei ihr ruhn,
doch wußte ich sonst nichts mit ihr zu tun,
sie ist wie ein Huhn, was zarten Schmelz
betrifft und Intelligenzquotienten.
Jetzt, wenn ich nichts mit June zu tun weiß,
werde ich Fernsehen einblenden,
und vor den gläsernen Leinwänden
all der Filme und Operetten
denken wir an Getränke und Viktualien,
an den nächsten Urlaub in Norditalien
und an vergangene Betten,
June wird nichts einwenden.
Nicht einmal Rehe
führen so eine glückliche Ehe.

Endlich werd ich auch sportlich werden.
Ich war der erbärmlichste Sportsmann auf Erden.
Nun schieß ich die prächtigen Goals
bei einem Bols,
lege bei einem Gin
in Düren
aber solche Küren hin,
da könnt ich Walküren verführen,
und Eile mit Weile,
ohne mich zu erhitzen,
häng ich den Schwergewichtsweltmeister Lollipop Kittson
in Amiens
in die Seile.
Darauf ein Dujardin!

Es ist ein Gefühl ohnegleichen,
aber nur mit einem Gerät,
auf dem »Markgraf« steht,
ich weiß nicht warum,
doch es spricht sich herum.

Um aber das zu erreichen,
muß ich mein faules Leben nun an den Nagel hängen,
ich muß mich anstrengen
zum Steinerweichen.
Vor allem muß ich meine alten Raten begleichen.
Einen Zeichen-
kurs hab ich schon absolviert,
da helf ich Walt Disney aus
und zeichne die Micki-Maus
für die Fernseher in Korea
– da ists nicht so heikel –

im Kampf mit dem Tiger Maikl.
Daneben wird Jemenitisch studiert,
das können nur wenige,
im Exil ein paar Könige,
und weil Schröder & Co mit dem westlichen Osten
korrespondiert,
lassen sie sich vielleicht mich etwas kosten.
Eine Maurerkelle
hab ich mir auch schon erstanden
und eine Monozelle
für nächtliche Inkassanten,
die werd ich montieren, so gut ich kann,
in den Filialen von Neckermann.
Bei einem Arzt,
über und über bewarzt,
den ich gut kenne
von der letzten montierten Antenne,
beschaff ich mir für schüchterne Frauen,
die sich selbst nicht einkaufen trauen,
Anti-Baby-Pillen
und Büstenpastillen,
mit zehn Prozent Spanne
für den Fernsehplätscherbrunnen »Susanne«.

Das wird ein Leben!
Man sieht, der Entschluß eines Tages
vermag es,
allerhand in der Volkswirtschaft anzuheben,
den Homo sapiens, was sehr nützlich ist, anzukleben,
und man braucht, wenn man angibt, nimmermehr anzugeben;
die Atrappe
aus Glas und Pappe
werd ich im Keller halten
für den Fall, daß ich schlecht kalkulier
und der Gerichtsvollzieher
mit Gewieher
oder Gekicher
stellt den »Markgraf« sicher;
dann ist wieder alles beim alten.

## Die Werbetexterin

Ich sitze im größten Werbebüro
und texte und texte und texte.
Ein Kunde kommt, der Contacter ist froh,
und ich sauge mein Coca Cola durchs Stroh
und geh mal aufs Clo und erprobe ein »O«
in einem Slogan für Cogans Trikot,
und schon kommt der näxte, der näxte.

Doch packt mich eine Trübsal dann und wann:
Ich suche einen pflegeleichten Mann.

Ich sitze in einem verwunschenen Schloß
und texte und texte und texte.
Die Räume sind klein, und der Umsatz ist groß,
und Brown von McCrown fragt: wie macht man das bloß?
Doch auch er weiß genau, mit mir ist was los,
und er möchte mich gern, sogar auf dem Schoß,
und schon kommt der näxte, der näxte.

Doch packt mich eine Trübsal dann und wann:
Ich suche einen regenzarten Mann.

Ich geh zum Contacter und suche Kontakt
und frage und frage und frage.
Er sagt: sind Sie nicht schon genug geplackt,
und wie wärs mal mit einem Pflanzenfett-Akt,
so in lauter bunte Streifen zerhackt?
Und er fragt: wieviel Kilogramm wiegen Sie nackt?
Und ich sag: ich hab keine Waage.

Mich packt nur eine Trübsal dann und wann:
Ich suche einen hautverwandten Mann.

So sitz ich im größten Werbehaus
und texte und texte und texte.
Doch nehm ich mir heut was besonderes raus:
leg *mich selbst* im aufwendigsten Layout aus,
bekenne die Schönheiten meines Baus
und nenne mich Laus eine taufrische Maus –
und bald sitzt hier die näxte, die näxte.

Ich aber quieke mausfroh dann und wann
und habe einen werbedoofen Mann.

# Ich hab so Angst, daß die Chinesen kommen

Ich stamme aus einer frommen
Familie und heiße Helene,
wenn die Chinesen kommen,
verliere ich alle Zähne.
Mein Vater hat michs gelehrt,
das ist die gelbe Gefahr,
meine Mutter hat zugehört
und dann gesagt: es ist wahr!

Ich bin die Büroangestellte,
die »aus der Kälte kam«.
Ich will mich für nichts erwärmen,
denn bald kommt die schreckliche Rasse
und spielt mit unsern Gedärmen
und macht aus uns eine Masse –
ich brauch keinen Bräutigam.

Hätte ich Zeit,
würde ich nachdenken
über verschiedenes, was mir im Kopf brummt,
über die Einehe der Pinguine
bei Professor Lorenz und ob sichs doch lohnt,
sich mit Gründlichkeit herzuschenken,
vielleicht an den Mann im Mond,
wenn aber schon die Suppe im Topf summt,
in der man uns zubereiten wird,
richtet man sich eben
danach, daß das Leben kein Leben der Gründlichkeiten
und auch keins der Lustbarkeiten wird.

So hol ich mir Lust
mehr unter der Hand
wie ein nicht zu verachtendes Stehbier,
und dazu spielt die Musicbox »Weh mir!«
und das Kino »Die Tote von Samarkand«.
Ich verwechsle zerstreut
meine Freunde, am Hemd
erkenne ich manchmal den Fred,
es ist unten vernäht,
die anderen Freunde aber
erkenne ich nicht einmal unten,
im Grund sind mir alle fremd.

Ich bin die Büroangestellte,
die »aus der Kälte kam«.
Ich will mich für nichts erhitzen,
denn bald kommen eiserne Spitzen –
die machen mich jetzt schon lahm.

Mir ist recht,
daß niemand vom andern Geschlecht
mir viel bedeutet.
Wenn der Wecker läutet,
find ich mich kaum zurecht,
hab ich heute Gin oder Whisky getrunken?
Nur selten hat was erkennbar gestunken.
Aber alles war gut für den Durst,
und im Grunde war mirs wurst.

Ich hör im Radio
schon jetzt manchmal einen chinesisch sprechen,
ich mach die Augen zu
und seh ihn schon auf meinen Nabel stechen.
Mein Vater hat michs gelehrt,
wie die gelbe Rasse verfährt:
Die Hunnen oder waren es die Magyaren
haben die Ohren und Nasen in Säcke geleert
und nur die Leber verzehrt,
und die Avaren
oder die Tataren
banden die Fraun an den Haaren
ans galoppierende Pferd.
Ich seh mich manchmal so schleifen
im Mondlicht über die Tajga,
es sieht zwar unerhört schön aus,
doch werd ich immer feiger,
ich kann es selbst nicht begreifen.

Ich stamme schließlich aus einer frommen
Familie und habe niemand etwas getan.
Ich wäre so gern ein wenig hinausgeschwommen.
Doch hab ich solche Angst, daß die Chinesen kommen,
drum fang ich gar nicht erst zu leben an.

# Der Akazienfresser

(1973)

# Klassisch

I

Das Haar, an dem das Schwert hängt, wird nicht reißen.
Die Konstruktion schreckt nur im ersten Augenblick.
Ich dritten Augenblick besinn ich mich zudem
und rück das Bett an eine andere Stelle.
Jetzt steht für eine Weile unterm Schwert der Tisch:
hier halten meine Frau und ich Gelage.
Und wenn der Ochs am Spieß zu große Stücke gibt,
steig ich zum Schwert hinauf und reduzier ihn.
Der Stahl ist herrlich, blendende Legierung.
Im vierten Augenblick lach ich mich aus:
Der blöde Alptraum immer über mir –
als ob ich nicht genügend Zimmer hätte.
Und ich vermiet das Zimmer einer Journalistin.
Doch ihre Miene macht bald alles sauer.
Im fünften Augenblick sag ich zu mir: Kretin,
hast du nicht Pfoten, diesen Ulk zu demontieren?
Ich nehm die Schere, und das Schwert fällt in den Teppich.
Malheur, zweihunderttausend Drachmen; wenn schon.
Im sechsten Augenblick genieß ich meinen Willen:
Jetzt hab ich jeden fremden Einfluß abgestellt.
Das feier ich mit einer Sklavin und Champagner.
Im siebenten – denn ich bin abergläubisch –
renn ich mirs Schwert aus freien Stücken rein.

II

Ein Meter achtzig ist heut Mittelmaß.
Zu Karls des Großen Zeiten war man kleiner.
2067 mißt man fast zwei Meter.
Egal. Heut bin ich grade Mittelmaß.
Ich hasse kleine Leute, so eins siebzig.
Sie sind bekümmert, geizig und pedantisch.
Sie sehen Kleinigkeiten leicht vergrößert.
Ich hab am Ausgang einer Schlucht ein Wirtshaus
mit einem blauen Schild: EIN BETT NOCH FREI.

Ich hasse große Leute, so eins neunzig.
Eins fünfundachtzig ist gerade tragbar.
Eins neunzig sind so menschliche Giraffen.
Sie gehn mit einem Schritt durchs ganze Zimmer
und schaun, den Blick gesenkt, auf unsre Glatze.
Sie lieben unglücklich und loben gute Schuster.
Ich hab am Ausgang einer Schlucht zwei Knechte
und hab ein Schild gemalt: EIN BETT NOCH FREI.

Der Schmied im Dorf hat circa meine Größe.
Der Schmied im Dorf versteht mich circa prächtig.
Der Schmied, der schmiedete mir tolle Vorrichtungen.
Der feige kleine Tischler spielte mit.
Der feige kleine Tischler tischlerte mir prima.
Mir fehlt zum Glück jetzt nur ein Tapezierer.
Ich möcht mein Fremdenzimmer schalldicht haben
für all die Schreie und mein Ohr allein.

III

Der Wachskonsum steigt ständig. Meine Ohren
senden mir trotzdem, grausam, Lied für Lied.
Die leeren Mädchen auf den Uferbänken locken;
die Stimmen klingen, und die Lippen leuchten.
Einige Freunde hat es schon erwischt,
sie sind wie Fische auf dem Land verkommen
und haben keine Lieder mehr gehört.

Ich bilde mir am besten prophylaktisch ein,
so schön singt jenes Mädchen aus dem Kindertraum,
mit der ich einmal oder öfters
auf einem Dorfteich oder Stadtteich Boot fuhr,
den ich mir örtlich nicht erklären kann.

Der Mythos von der freundlichen Gefährtin
wird mindestens so alt sein wie der Mythos
von den Sirenen, die nur *vorher* singen.
Ich hoffe, daß er ebenso erfüllbar ist.

In angespannter Hoffnung auf das Ufer,
wo jene sichtbar wird, werd ich vielleicht
kein Wachs im Ohr mehr brauchen, keinen Kautabak im
    Mund,
um den Gefährlichen zu widerstehen,
und werde ihrem zweifellos geschickten
Gesang noch Beifall klatschen wie ein Rezensent
dem guten Witz in einer schlechten Posse.

IV

Wie kann man »Nabel« heißen, Omphale?
Doch Spaß beiseite, laß mich jetzt hinaus,
ich bin von deinem Mummenschanz schon müde.

Hinaus sollst du mich lassen, Omphale,
sonst gehts dir wie dem Löwen und der Schlange,
auch eine Hirschkuh tat ich schließlich ab.

Natürlich ist der Duft von deinen Schminken
erholsam nach dem Saustall bei Augias,
doch riech ich mich an einem Abend satt.

Ich habe schrecklich viele Taten vor,
ich muß noch einen ganzen Himmel stützen
und Zerberus zu Hundelaibchen drehn.

In der Textilerzeugung bin ich nicht am Platz.
Du kannst sehr viel, doch nicht organisieren.
Ich bin ein Heros. Laß mich jetzt hinaus.

Vor allem glühe ich nach Deianeira.
Sie wird mir einen Nesselanzug schenken.
Vor Schmerzen werde ich mich selbst verbrennen.

Warum das sein muß? Das verstehst du nicht.
Zum Schluß werd ich der Mann von Madame Jugend.
Das Ding da aber – ist ein Todesstoß.

## Der Akazienfresser

Er hat in Rußland Akazien gefressen,
und seit Witebsk fehlt ihm das linke Ohr –
doch er hört mit dem rechten nichts draus hervor:
nichts Rechtes
über den Sinn des Geflechtes,
über den Schiet,
in den er geriet.

Man trifft ihn jetzt beim heurigen Wein,
doch es kann auch alter und Trebernschnaps sein.
Das Saufen und Schwadronieren macht ihm Spaß,
er hatte Glück,
er kehrte zurück
und hat jetzt weiter Glück und ein Geschäft für Glas.

Auf der Lindauer Straße
hängt ein Rahmen
mit einem Konvexspiegel stark in den Gehsteig hinein;
die Herren sagen, du, guck mal, ich schau ja aus wie ein
    Schwein,
und nur die allergebildetsten sagen drauf nein,
und die Damen
kriegen einen Komplex
und glauben, sie seien schon gute paar Wochen konvex.
Damit lenkt Herr Schmied die Aufmerksamkeit auf sich,
und das Glück läßt sein Rahmen- und Spiegel- und Glas-
    geschäft nicht im Stich.

Die Trauben
lassen einen gewöhnlich allerhand glauben:
als Trebernschnaps, als alter und als heuriger Wein.
Doch schwer geht mir ein,
wieso so das Fehlen eines ganzen Ohres
einen alten Hasen
nicht mores lehrt,
er versteht doch was von Tuten und Blasen
und weiß, wie ein mittelprächtiger Panzer fährt,
und hat am historischen Geflecht
nicht schlecht
mitgestrickt, erst glatt, dann verkehrt.

Verkehrt, das war dann im Lager.
Ganz scheußlich Dicke
wurden dort hager
von der Arbeit, die das Leben versüßt,
von den Krankheit- und ganz besonders den Mahlzeiten.
Herr Schmied hatte damals ein Gewicht,
um das ihn heute die Balletteusen beneiden,
er ist darauf stolz.
Aus Holz
von Akazienbäumen haben sie sich verstohlen
eine Suppe gekocht,
dafür wurde man, wenn man erwischt wurde, eingelocht,
oder gleich durchlocht,
und Kameraden
mit schwerem Hammer
mußten dem Toten
dann das Gesicht marmeladen,
von wegen Unkenntlichkeit,
denn Kenntlichkeit war verboten,

und der Haager Gerichtshof war weit.

Wir am Wirtshaustisch singen ihm Lob.
Ja, zu Stalins Zeiten, da war man noch grob…
Und Herr Schmied
summt verklärt ein heroisches Lied.
Wir summen bald
alle den schönen Westerwald
und *Deutschland, dein Morgen dämmert schon*,
und *die toten Helden der jungen Nation*,
nur wollen sich von uns keine melden
als Helden.
Und verächtlich sieht er uns an:
Ihr habt es gut.
Und doch seid ihr arm.

Wir trösten uns: vielleicht, Herr Schmied,
kommt bald ein ausgiebiger Fliegeralarm,
und dann sind wir reich,
vom Westerwald bis nach Österreich
(um im großdeutschen Maßstab zu bleiben);

doch Herr Schmied: Ihre Scheiben –?

## Projekt

Und weil der nächste Krieg sehr grausam sein wird,
entsteht ein Qual-Abhärtungs-Institut.
Sodaß der Mensch im Feuerschein nicht schrein wird;
das ist bei dessen Häufigkeit sehr gut.

Wir werden uns bei Blei und Hochfrequenzen
am freien Wochenend zusammenfinden
und werden lernen, in beherrschten Tänzen
den Schmerz in unserm Fleisch zu überwinden.

Mit heißen Brech-, Signier- und Bügeleisen
(mit denen man heut Asiatenkinder ziert)
wird man uns für die nächste Zeit beweisen:
man hält viel aus; der Krieg ist nicht vertiert.

Kein Mensch mehr zittert gleich dem Espenlaube.
Wir werden lernen, uns zu amüsiern
und, unsern Nagel in der Daumenschraube,
französisch und leger zu konversiern;

mit einer Jupiter vor beiden Augen
die schönsten Lügen aufrechtzuerhalten
und angespritzt mit konzentrierten Laugen
den eigenen Elektrostuhl zu schalten.

Die so entstehenden Elite-Soldaten
und -Zivilisten (heut ist das egal)
werden am Ende knusprig ausgebraten
(und mit Asbest paniert) in Edelstahl.

So zeigt man uns – vielleicht noch unsern Kindern –,
wie man die Grausamkeit des nächsten Kriegs erträgt.
Es wäre freilich besser, diesen zu verhindern.
Doch das gehörte *vorher* überlegt.

# »...damit er nicht Schuh unter Schuhen werde...«
## Nachwort

Während das Prosawerk Andreas Okopenkos dank Ralph Klever, der früher Lektor im Ritter Verlag war und nun seit Jahren selbst als Verleger tätig ist, weitgehend lieferbar ist, sind seine Gedichtbände (mit Ausnahme der späten sogenannten Locker- und Spontangedichte) allesamt vergriffen. Dem Verlag Jung und Jung und der Österreichischen Nationalbibliothek, wo Okopenkos Nachlass gepflegt wird, ist es zu danken, dass auch das bedeutende lyrische Werk dieses Autors dem Publikum wieder zugänglich gemacht wird. Neben einer Auswahl aus den zu Lebzeiten veröffentlichten Gedichten erscheinen hier außerdem erstmals vier bisher unbekannte Texte aus der Sammlung *Ich hab so Angst, daß die Chinesen kommen*, die ich im Nachlass Okopenkos entdeckt habe. Einen Hinweis auf diese Sammlung gab ein Interview, das der Autor dem Österreichischen Rundfunk (Ö1) im Jahr 1969 im Rahmen einer Präsentation des Bandes *Warum sind die Latrinen so traurig?* gab. Ihr Titel, Ausdruck von Okopenkos Drang, sich dem politischen Lied zuzuwenden, spannt interessante Bögen zwischen damals und heute: Da ist der aufkeimende Kapitalismus, der heute weltbeherrschend ist; da ist von starken Veränderungen der Arbeitswelt die Rede (etwa im Gedicht *Der Computer*); da dringen die Medien ins Privatleben ein (*Der*

*Fernseher*); und da siegen in der Wahrnehmung der Welt irrationale Ängste über die Vernunft.

Was nun den Aufbau dieser Auswahl von Gedichten betrifft, für die ich alleine zu kritisieren bin, so ignoriere ich die übliche Einteilung in Schaffensphasen, die ausschließlich auf den Autor selbst zurückgeht. Okopenko war chronischer Chronist, deshalb hielt man wohl auch seine Selbstdarstellung für gültiger als jede Betrachtung von außen. Auch hat er selbst das Erscheinen der Bände *Grüner November* (1957) und *Seltsame Tage* (1963) sowie des Langgedichts *7. Mai* im Band *Orte wechselnden Unbehagens* (1971) mit gutem Grund als «verspätet» bezeichnet. Es erscheint mir darum an der Zeit, die Einordnung seiner Gedichte auf eine Basis zu stellen, die außerhalb seines Werks liegt und sich nicht aus seiner Biografie ergibt. Das ist keine Unfreundlichkeit gegen Okopenko, sondern, im Gegenteil, Zeichen jener Anerkennung, die vor allem seiner Lyrik bisher gefehlt hat. Zehn Jahre nach seinem Tod soll diese Auswahl ein Wegweiser sein für all die, die nachlesen wollen.

Andreas Okopenko war in vielerlei Hinsicht ein bemerkenswerter Dichter. Als junger Mann studierte er Chemie, die Vorliebe für die Begriffswelt und das experimentelle Vorgehen dieser Wissenschaft spricht sehr deutlich aus seinen Gedichten. Lange war er aber auch in der Redaktion der Kulturzeitschrift *Neue Wege* tätig, die sich in den 1950er-Jahren zu einer Bühne für den literarischen Nachwuchs entwickelte. Er diskutierte, korrespondierte und traf sich mit Autorinnen und Autoren wie H. C. Artmann, Ernst Jandl und Elfriede Gerstl, aber auch Hertha Kräftner, Herbert Eisenreich und Gerhard Fritsch gehörten zu seinem engeren Umfeld. Trotz oder vielleicht auch wegen all dieser Kontakte verfiel er nie auf die damals so beliebte Methode, sich durch Abgrenzung selbst zu definieren, im Gegenteil, er hat sich den Moden seiner Zeit stets verschlossen. Diese Mittel- und Mittlerposition wurde ihm freilich nicht als Stärke angerechnet, sondern als Schwäche ausgelegt. Auch war das Schreiben lange nicht sein einziger Beruf. Bis 1969 arbeitete Okopenko in der Buchhaltung einer Papierfabrik, vor allem, wie er mir bei einem Gespräch erzählte, um für seine vereinsamte Mutter sorgen zu können. Nach der Ermunterung durch Ernst Jandl wurde er am Ende aber doch das, was man «freier Schriftsteller» nennt. Die späten 1960er- und frühen 1970er-Jahre waren seine produktivste Zeit, darum verwundert es auch nicht, dass er sich in den Gedichten aus dieser Zeit ihren politischen Diskussionen und Umbrüchen nicht entziehen konnte. Okopenko war zwar ein Sympathisant der Studentenbewegung, allerdings lehnte er jede Form der Dogmatik und ideologisierender Uniformität ab. Und er war ein früher und einsamer Kämpfer für die Gleichberechtigung der Frau, was sich in vielen Gedichten, etwa auch in *7. Mai,* sogar in der Grammatik niederschlägt, wenn dort an einer Stelle von Siedlungen die Rede ist, «wo einem Mädchen, *die* waschen hilft, der Sonntag-Tanz etwas bedeutet».

Die Auswahl der Gedichte in diesem Buch folgt chronologisch ihrem Erscheinen. Im Zentrum steht das Langgedicht *7. Mai,* das ich für eines der bedeutendsten deutschsprachigen Gedichte des 20. Jahrhunderts halte, unter anderem deshalb, weil es das poetologische Koordinatensystem, in dem es sich bewegt und die Möglichkeit eines viel umfassenderen, ja potenziell endlosen Textes skizziert, aus sich heraus gewinnt. Dieses Gedicht ist die Essenz der jahrelangen Diskussionen über Realismus und Surrealismus, die den Autor auf der Suche nach tragfähigen ästhetischen Konzepten geprägt haben, in einer Zeit, als man sich mit aller Manifest-Wut der Orientierungslosigkeit, von der eine durch Diktatur, Deportation, Emigration und Krieg zerrüttete Gesellschaft auch kulturell und künstlerisch gekennzeichnet war, entgegenstellte. Okopenkos Beharren auf einer «komplexen poetischen Welthaltung», die «Weltfülle beachtet», verdankt sich vor allem seinem Einzelgängertum, das sich, wie gesagt, nicht durch Abgrenzung auszeichnete, sondern durch den Diskurs mit mehreren, unterschiedlich orientierten Formationen. Okopenkos formale und weltanschauliche Breite ist durchaus auch ein Ergebnis dieses Austauschs, der in der Diskussionskultur konkurrierender Gruppen nach dem Krieg wohl nicht immer einfach war. Im Rückblick war sein Zugang aber vielleicht auch lohnender. Die Sammlung, die hier vorliegt, soll das augenscheinlich machen.

Schon in *Grüner November* (Piper Verlag) stehen Naturgedichte, protokollierende Momentaufnahmen und poetologische Verse wie selbstverständlich nebeneinander. Letztere verdanken sich sehr unmittelbar der Mitarbeit Okopenkos in der Redaktion der Zeitschrift *Neue Wege*. Wir haben das Glück, dass seine Tagebücher im Literaturarchiv der Österreichischen Nationalbibliothek gesammelt sind (die Jahre 1949 bis 1954 wurden inzwischen im Rahmen einer digitalen Edition als Faksimile und annotiert im World Wide Web zugänglich gemacht), deshalb können wir die Entstehung mancher Gedichte nachverfolgen oder nachlesen, was Okopenko in Briefen dazu festgehalten hat (etwa an Friedrich Polakovics, dem in den *Neuen Wegen* lange federführenden Redakteur). Ihre freien Rhythmen sind immer wieder von metrischen Zeilen unterbrochen, und auch der Reim schleicht sich manchmal fast unbemerkt in diese Verse. Es ist das ein Markenzeichen Okopenkos, das die strenge Abgrenzung von Schaffensphasen im Grunde unmöglich macht. Die großen Vorbilder, allen voran T. S. Eliot, Walt Whitman und Dylan Thomas, sind in diesen Gedichten zu spüren.

Es folgt der Band *Seltsame Tage* (Bechtle Verlag), der dokumentiert, wie Okopenko sich «der fülligen Wirklichkeit» im Gedicht annähert, indem der protokollarische Stil zu Ungunsten eines Motivs stärker hervortritt, und sein Diktum, es könne keinen «magischen Realismus» geben, weil die Wirklichkeit magisch sei, praktisch umsetzt. Der Band *Orte wechselnden Unbehagens* (Residenz Verlag) zeigt schließlich, wie die Besessenheit von einer «komplexen poetischen Welthaltung» literarischen Ausdruck findet: *7. Mai* ist ein Gedicht, das nicht nur Einblick in ein Universum gibt, sondern selbst ein Universum ist.

1969, in dem Jahr, als sein Gedichtband *Warum sind die Latrinen so traurig?* (Residenz Verlag) erschien, gab Okopenko seinen Beruf als Buchhalter auf und wurde freier Schriftsteller. In seiner Lyrik wendete er sich verstärkt strenger Metrik, Reim und Strophenformen zu. Okopenko hatte keine Berührungsängste mit kabarettistischen Liedermachern wie Georg Kreisler und griff ihre Techniken (Doppelreim, Binnenreim, Enjambement) kongenial auf. In einem Interview sprach er auch davon, dass ihm die Vertonung dieser Gedichte ein Anliegen sei (später würden verschiedene Interpreten und Musikgruppen wie die Worried Men Skiffle Group dafür sorgen). Mit *Ich hab so Angst, daß die Chinesen kommen* und *Der Akazienfresser* (Residenz Verlag, 1973) griff der Dichter dann zum Protestsong, zum politischen Lied und Bänkelsang und bewies auch darin eine Meisterschaft, die abseits vom Formalen in der Fähigkeit liegt, in der Fülle der Welt das Augenmerk auf Vorgänge zu legen, deren Bedeutsamkeit nicht auf zeitgenössische Relevanz beschränkt ist.

Ich hoffe, es ist mit dieser Auswahl gelungen, auf kleiner Karte eine poetische Galaxie zu skizzieren, deren Entdeckung und Erforschung lohnend erscheint und zur weiteren Pflege dieses lyrischen Werks anregt. Dies zumindest hat sich Andreas Okopenko verdient – «damit er nicht», wie der Schuster Rappototschnigg im Gedicht *7. Mai*, «Schuh unter Schuhen werde».

Daniel Wisser, Jänner 2020

## Nachweis der Druckvorlagen

Grüner November. Gedichte. R. Piper & Co Verlag,
  München, 1957.
Seltsame Tage. Bechtle Verlag, München / Eßlingen, 1963
  (= Bechtle Lyrik Band 7).
Warum sind die Latrinen so traurig? Spleengesänge.
  Residenz Verlag, Salzburg 1969.
Orte wechselnden Unbehagens. Gedichte. Residenz Verlag,
  Salzburg 1971.
Ich hab so Angst, daß die Chinesen kommen.
  Unveröffentlichtes Konvolut aus dem Nachlass Andreas
  Okopenkos. Literaturarchiv der Österreichischen Natio-
  nalbibliothek, Wien, Sign. LIT 399/12.
Der Akazienfresser. Parodien, Hommagen, Wellenritte.
  Residenz Verlag, Salzburg 1973.

Die Herausgeber und der Verlag danken Johann August
Bisinger für die Genehmigung zum Abdruck.

# Inhalt

# ÖSTERREICHS EIGENSINN
herausgegeben von Bernhard Fetz

KONRAD BAYER
der kopf des vitus bering
herausgegeben von Günther Eisenhuber
104 Seiten, € 20,–

HERMANN BROCH
Esch oder die Anarchie
Roman
herausgegeben von Bernhard Fetz
300 Seiten, € 24,–

FRANZ MICHAEL FELDER
Aus meinem Leben
herausgegeben von Jürgen Thaler
390 Seiten, € 25,–

FRANZ GRILLPARZER
Selbstbiographie
herausgegeben von Arno Dusini
288 Seiten, € 23,–

ERNST JANDL
der beschriftete sessel
Autobiographische Gedichte und Texte
herausgegeben von Bernhard Fetz und Klaus Siblewski
264 Seiten, € 22,–